AF316239

ADMINISTRATION GÉNÉRALE DE L'ASSISTANCE PUBLIQUE A PARIS

MÉMOIRE

AU

CONSEIL DE SURVEILLANCE

SUR LA PROPOSITION

D'UN NOUVEAU RÉGIME ALIMENTAIRE

POUR LES MALADES DES HOPITAUX

PARIS

PAUL DUPONT, IMPRIMEUR DE L'ADMINISTRATION DE L'ASSISTANCE PUBLIQUE

RUE DE GRENELLE-SAINT-HONORÉ, 45.

1866

ADMINISTRATION GÉNÉRALE DE L'ASSISTANCE PUBLIQUE

MÉMOIRE

AU

CONSEIL DE SURVEILLANCE

SUR LA PROPOSITION

D'UN NOUVEAU RÉGIME ALIMENTAIRE

POUR LES MALADES DES HOPITAUX

MESSIEURS,

Le régime alimentaire de la plupart des hôpitaux de la France et de l'Europe laisse aujourd'hui quelque chose à désirer, sous le rapport des éléments substantiels qui le constituent.

Ce régime, dont les bases ont été établies à une époque déjà éloignée, est contemporain d'une pratique médicale différente en plusieurs points de celle qui paraît dominer de nos jours. La thérapeutique semble exclure actuellement, dans une foule de cas qui les comportaient naguère, les moyens débilitants ; la saignée, l'usage des sangsues, la diète plus ou moins absolue ou prolongée, sont prescrits avec une grande réserve ; on nourrit le malade, dans beaucoup d'affections chroniques, pour le traitement desquelles on croyait devoir réduire ou quelquefois supprimer l'alimentation normale. Enfin, ce n'est que depuis peu d'années que l'on possède des données scientifiques suffisamment claires, sur les quantités et la nature des aliments qui sont nécessaires à l'homme, pour réparer les pertes de substance et de forces qu'il fait par la respiration, le travail, ou l'activité corporelle.

J'ajouterai que, dans les grands centres de population tels qu'ils se forment à notre époque d'activité industrielle et commerciale, et où viennent s'agglomérer tant d'existences diverses, les principes des maladies constitutionnelles, l'insuffi-

sance ou la mauvaise qualité de la nourriture, l'insalubrité des habitations et de certaines professions, l'excès de travail, l'abus des boissons alcooliques et du tabac, amènent, dans les hôpitaux, un grand nombre d'individus de tout âge, affaiblis, étiolés, auxquels, pendant la convalescence et même quelquefois pendant le cours de la maladie, il est nécessaire de procurer une alimentation substantielle, réparatrice et bien appropriée.

On peut donc dire que les soins qui s'appliquent à la nourriture des personnes qui viennent chercher la santé dans les hôpitaux jouent un rôle très-important dans le traitement des maladies.

Aussi, en parcourant le cercle des études auxquelles mon devoir me commandait de me livrer, mon attention s'est-elle portée tout d'abord sur le régime alimentaire (1).

Ce n'est pas que l'alimentation dans les hôpitaux de Paris n'ait reçu, à différentes époques, de notables améliorations : plus de variété y a été introduite ; l'usage de certains aliments, tels que le poisson ou les œufs, a été prescrit à nouveau ou plus largement ; on a pu faire entrer, dans la consommation, des légumes frais, et même des légumes de saison ; l'allocation des desserts a été étendue ; des potages ou des soupes variées ont été donnés aux malades, et ainsi l'on a substitué au régime traditionnel de la soupe grasse et du bouilli, un régime mieux approprié et plus appétissant.

Il y avait cependant, à mon avis, d'autres progrès à accomplir encore : dès la fin de 1860, après avoir examiné attentivement l'état de cette partie du service, j'avais formé une commission composée de chefs de division, de directeurs et d'économes, pour reviser les rendements, indiquer les meilleurs modes de préparation des substances, et proposer, après des expériences positives, un nouveau régime alimentaire.

Le travail de cette commission était terminé à la fin du premier semestre de 1861, et dès le 1er juillet, je prescrivais, à titre d'essai, une application de ce nouveau régime à l'Hôtel-Dieu, à la Charité, à Saint-Antoine et à Saint-Louis.

Le régime essayé alors et qui constituait déjà une amélioration réelle dans l'alimentation, fut accepté très-favorablement par les malades, et approuvé généralement par les médecins et chirurgiens chefs de service.

J'examinais les conséquences financières de l'application qui pourrait en être faite à tous les hôpitaux, lorsque d'autres questions générales réclamèrent mon attention, et je crus devoir comprendre le régime alimentaire dans le programme de

---

(1) On trouvera, à la suite de ce Mémoire, un travail préparatoire, résultat des études que j'avais entreprises pour rechercher et comparer les divers régimes alimentaires adoptés dans les principaux hôpitaux de la France et de l'Europe.

ces questions mises alors à l'étude. Plus tard, et par suite de la création près du Ministère de l'intérieur, d'un comité consultatif pour les hôpitaux de l'Empire, j'ai pris part, comme membre de ce comité, à l'élaboration d'un nouveau régime dont mon administration a combiné et rédigé les tableaux, et qui a été depuis recommandé aux administrations hospitalières; et, tout en apportant, dans ces travaux, le tribut de l'expérience que j'ai pu acquérir, je me suis efforcé particulièrement, en vue du travail que je poursuivais, de profiter des lumières que la discussion m'a apportées.

Dès ce moment, la question était mûre pour un essai pratique; il a été fait, à l'Hôtel-Dieu et à l'hôpital de Lariboisière, depuis le 1er juin 1864 jusqu'à ce jour, c'est-à-dire pendant deux années, et je puis donner ici l'assurance que les résultats de cette expérimentation ont été favorables; les Chefs du service médical, les directeurs des deux hôpitaux, considèrent ce nouveau régime comme répondant, d'une manière complète, aux besoins des malades.

Les vices du régime alimentaire qui est aujourd'hui en vigueur sont de plusieurs sortes : les uns tiennent à sa composition et à un certain manque de précision dans la division des repas, les autres à la faculté laissée aux Chefs du service de santé d'ajouter à l'ordinaire, sur des bons personnels et motivés qui devaient être écrits par eux-mêmes, des aliments de toutes sortes, des vins d'extra, du lait, des eaux gazeuzes, etc. Si ces additions n'étaient accordées en général qu'aux malades qui en ont réellement besoin et dans les conditions réglementaires, il n'en résulterait aucun inconvénient; mais, soit que l'on considère le régime comme insuffisant ou qu'on obéisse à cette pente du laisser-aller si habituel dans notre pays, lorsqu'il s'agit des choses qui appartiennent aux administrations publiques, les prescriptions extraordinaires sont devenues la règle; presque tous les malades y participent, la plupart sans aucune nécessité, ou plutôt beaucoup de nos Chefs de service ratifient par leur signature, soit sur des bons qu'ils n'écrivent pas eux-mêmes, soit sur les cahiers de visite dont la tenue laisse tant à désirer, les prescriptions qu'un externe ou quelquefois même un malade y a inscrites de sa propre autorité. J'ajouterai que ceux des Chefs de service qui se soumettent aux prescriptions du règlement sur le service de santé sont entraînés à des formalités et à des pertes de temps qu'il paraît utile de leur éviter.

Dans le nouveau régime appliqué, à titre d'essai, à l'Hôtel-Dieu et à l'hôpital Lariboisière, on s'est attaché à régler la composition des repas, à chaque degré d'alimentation, de manière à satisfaire directement aux besoins des malades, sans aucune addition de mets supplémentaires. Les bons extraordinaires sont supprimés; les allocations sont fixes; la viande est donnée à chacun des deux repas de chaque jour; elle est rôtie ou grillée et non plus cuite à l'étouffé ou dans la poêle; le poisson et les œufs entrent plus largement dans le régime, même aux troisième et quatrième degrés. Les légumes de saison, qui n'étaient accordés qu'aux 1re et 2e portions, sont attribués à tous les malades. Les repas sont donc plus substantiels et composés

d'aliments à la fois plus variés et plus réparateurs, soit à raison de leur choix, soit à cause du mode de leur préparation. Dans le cours de l'expérimentation, quelques modifications ont été apportées au régime primitif sur la demande des Chefs de service ; elles répondent à des besoins réels ou à des nécessités constatées.

Je vais placer sous vos yeux, pour les quatre degrés d'alimentation, le régime proposé, et je m'appliquerai ensuite à faire ressortir les différences qui le distinguent du régime alimentaire actuel. Je n'ai pas reproduit l'ancienne dénomination de *portion* employée aujourd'hui : il n'est point possible de diviser les allocations totales du régime en quatre portions égales, et dès lors il semble plus rationnel de substituer, comme on l'a fait ailleurs, l'expression de *degré* à celle de *portion*. On ne dira donc plus : *Malades à la 1re portion*, mais *Malades au 1er degré d'alimentation*. Ce sera plus exact et plus clair.

RÉGIME ALIMENTAIRE

POUR LES ADULTES

DES DIFFÉRENTS DEGRÉS D'ALIMENTATION

Les malades peuvent être, selon les prescriptions journalières des Médecins, soumis à l'un des degrés d'alimentation qui suivent :

A la diète absolue ;
A la diète simple ou aux bouillons ;
Aux potages ;
Aux aliments solides subdivisés en 4 degrés, depuis 1 degré jusqu'à 4 degrés.

MALADES A LA DIÈTE ABSOLUE

Les malades à la diète absolue ne reçoivent aucun aliment ni bouillon, ni aucune espèce de boisson alimentaire.

MALADES A LA DIÈTE SIMPLE OU AUX BOUILLONS

Les malades à la diète simple ou aux bouillons reçoivent, pour 24 heures :

Bouillon gras : 4 portions de 25 cent.

MALADES AUX POTAGES

Les malades aux potages reçoivent, pour 24 heures :

Bouillon gras : 2 portions de 25 cent. — Potages gras : 2 portions de 30 cent.
Vin : Hommes, 1 portion de 12 cent. — Femmes, 1 portion de 9 cent.

OBSERVATIONS.

1° Il pourra être accordé aux femmes en couches, qui sont aux potages, une soupe grasse en sus des allocations fixées pour les autres malades. Cette prescription sera mentionnée au cahier de visite.

2° Ceux des malades à la diète simple ou aux potages, que les Chefs de service jugeraient en avoir besoin à raison de leur état particulier, pourront recevoir, à titre d'allocation exceptionnelle et supplémentaire, soit une portion de vin de Bordeaux de 12 cent. pour les hommes, et de 9 cent. pour les femmes, soit une portion de vin de Bagnols d'égale quantité. Cette allocation pourra même être portée à 24 cent. pour les hommes, et à 18 cent. pour les femmes, en faveur des grands opérés et des malades atteints d'affections très-graves. Ces prescriptions seront mentionnées au cahier de visite.

3° Les malades à la diète simple ou aux potages, qui seront soumis au régime lacté, n'auront pas d'allocation de vin. Ils recevront du lait en remplacement de bouillon gras et de potage gras, et dans des proportions égales. Ces prescriptions seront mentionnées au cahier de visite.

4° Il est fait une première distribution de lait ou de soupe maigre à 7 heures. Le repas du matin est servi à 10 heures ; le repas du soir à 5 heures.

Malades au 1er degré.

NATURE DES DENRÉES.	QUANTITÉS ALLOUÉES avant PRÉPARATION.	QUANTITÉS ALLOUÉES après PRÉPARATION.
Pain blanc — aux hommes (tous les jours)	»	12 déc.
Pain blanc — aux femmes *Id*......	»	10 déc.
Vin. — aux hommes *Id*......	»	24 cent.
Vin. — aux femmes *Id*......	»	18 cent.
1re distribution avant la visite. — Lait *Id*......	»	25 cent.
Repas du matin. — 1° Potage gras *Id*......	»	30 cent.
Repas du matin. — 2° Viande rôtie *Id*......	12 déc.	6 déc.
Repas du soir. — 1° Potage gras *Id*......	»	30 cent.
Repas du soir. — 2° Volaille (2 fois p. s.).	12 déc.	6 déc.
Repas du soir. — 2° Viande rôtie (2 f. *Id*.).	12 déc.	6 déc.
Repas du soir. — 2° Poisson (2 fois *Id*.).	12 déc.	8 déc.
Repas du soir. — 2° Œufs frais (1 fois *Id*.).	»	1 œuf.

Malades au 2e degré.

NATURE DES DENRÉES.	QUANTITÉS ALLOUÉES avant PRÉPARATION.	QUANTITÉS ALLOUÉES après PRÉPARATION.
Pain blanc. — aux hommes (tous les jours)	»	24 déc.
Pain blanc. — aux femmes *Id*......	»	20 déc.
Vin. — aux hommes *Id*......	»	21 cent.
Vin. — aux femmes *Id*......	»	18 cent.
1re distribution avant la visite. — Soupe maigre *Id*......	»	30 cent.
Repas du matin. — 1° Viande rôt. (5 f. p. s.).	12 déc.	6 déc.
Repas du matin. — 1° Rag. de menu (2 f. *Id*.).	12 déc.	6 déc.
Repas du matin. — 2° Œufs frais (2 fois *Id*.).	»	1 œuf
Repas du matin. — 2° Fruits cuits (1 f. *Id*.).	12 déc.	10 déc.
Repas du matin. — 2° Pruneaux (2 fois *Id*.).	6 déc.	9 cent.
Repas du matin. — 2° Riz au lait (2 f. *Id*.).	2 déc.	10 cent.
Repas du soir. — 1° Soupe grasse (t. les j.).	»	30 cent.
Repas du soir. — 2° Viande b. (5 f. par. s.).	12 déc.	6 déc.
Repas du soir. — 2° Poisson (2 f. *Id*.).	12 déc.	8 déc.
Repas du soir. — 3° Lég. de saison (5 *Id*.).	12 déc.	8 cent.
Repas du soir. — 3° Pom. terre lait (2 *Id*.).	12 déc.	12 cent.

OBSERVATIONS.

1° Il pourra être accordé aux femmes en couches, qui sont au 1er ou au 2e degré d'aliments solides, une soupe grasse en sus des allocations fixées pour les autres malades. Cette prescription sera mentionnée au cahier de visite.

2° Ceux des malades aux 1er et 2e degrés que les Chefs de Service jugeraient en avoir besoin, à raison de leur état particulier, pourront recevoir, à titre d'allocation exceptionnelle et supplémentaire, soit une portion de vin de Bordeaux de 12 cent. pour les hommes et de 9 cent. pour les femmes, soit une portion de vin de Bagnols, d'égale quantité. Lorsqu'ils seront soumis au régime lacté, ils recevront un litre de lait en remplacement de vin, soit ordinaire, soit de Bordeaux, soit de Bagnols. — Ces prescriptions seront mentionnées au cahier de visite.

3° La soupe ou le potage se compose de 30 cent. de bouillon et de 3 déc. de pain ou de 2 déc. de pâtes.

4° Ceux des malades au 1er degré que les Chefs de Service jugeraient en avoir besoin, à raison de leur état particulier, pourront recevoir, *à titre de remplacement*, une portion de légumes de saison ou d'œufs frais, au lieu de viande rôtie ou de poisson. — Ces remplacements qui resteront individuels seront mentionnés au cahier de visite.

NATURE DES DENRÉES.			QUANTITÉS ALLOUÉES avant PRÉPARATION.	QUANTITÉS ALLOUÉES après PRÉPARATION.
Malades au 3e degré.				
PAIN BLANC.		aux hommes (tous les jours)	»	36 déc.
		aux femmes *Id*......	»	30 déc.
VIN.		aux hommes *Id*......	»	36 cent.
		aux femmes *Id*......	»	27 cent.
1re DISTRIBUTION AVANT LA VISITE.		Soupe maigre *Id*......	»	30 cent.
REPAS DU MATIN.	1°	Viande rôt. (3 f. p. s.).	12 déc.	6 déc.
		Abats (1)... (1 f. *Id.*).	12 déc.	8 déc.
		Bouilli ac. (2) 3 f. *Id.*).	12 déc.	6 déc.
	2°	Lég. de saison (1 *Id.*).	18 déc.	12 cent.
		Légum. secs (5 f. *Id.*).	6 cent.	12 cent.
		Œufs accom. (1 f. *Id.*).	»	1 œuf 1/2
REPAS DU SOIR.	1°	Soupe grasse (t. les j.).	»	30 cent.
	2°	Viande b. (6 f. par s.).	18 déc.	9 déc.
		Poisson (1).. (1 f. *Id.*).	18 déc.	12 déc.
	2°	Légu. frais (3 f. *Id.*).	18 déc.	12 cent.
		Pom. terre (2 f. *Id.*).	18 déc.	18 cent.
		Riz au l. ou gr. (2 f. *Id.*)	3 déc.	15 cent.

NATURE DES DENRÉES.			QUANTITÉS ALLOUÉES avant PRÉPARATION.	QUANTITÉS ALLOUÉES après PRÉPARATION.
Malades au 4e degré.				
PAIN BLANC.		aux hommes (tous les jours)	»	48 déc.
		aux femmes *Id*......	»	40 déc.
VIN.		aux hommes *Id*......	»	48 cent.
		aux femmes *Id*......	»	36 cent.
1re DISTRIBUTION AVANT LA VISITE.		Soupe maigre *Id*......	»	30 cent.
REPAS DU MATIN.	1°	Viande rôt. (3 f. p. s.).	18 déc.	9 déc.
		Abats (1).. (1 f. *Id.*).	18 déc.	12 déc.
		Bouilli ac. (2) (3 f. *Id.*).	18 déc.	9 déc.
	2°	Lég. de saison (1 *Id.*).	24 déc.	16 cent.
		Légu. secs (5 f. (*Id.*).	8 cent.	16 cent.
		Œufs accom. (1 f. id.).	»	2 œufs
REPAS DU SOIR.	1°	Soupe grasse (t. les j.).	»	30 cent.
	2°	Viande b. (6 f. p. s.).	24 déc.	12 déc.
		Poisson (1). (1 f. *Id.*).	24 déc.	16 déc.
	3°	Légu. frais (3 f. *Id.*).	24 déc.	16 cent.
		Pom. terre (2 f. *Id.*).	24 déc.	24 cent.
		Riz au l. ou gr. (2 f. *Id.*)	4 déc.	20 cent.

(1) Les abats et le poisson pourront, suivant les besoins du service, être remplacés : les abats par du bouilli accommodé, le poisson par de la viande bouillie.

(3) L'assaisonnement n'est point compté dans le poids de 6 décag.

DES MALADES ENTRANTS.

Les Malades ne comptent pas pour les vivres le jour de leur entrée.

Cependant, ceux qui seront jugés en état de manger, recevront, sur bons particuliers du médecin, ou sur bons de l'élève interne, légalisés le lendemain par le médecin :

Soupe grasse : 30 cent.
Pain : hommes, 12 déc.; — femmes, 10 déc ;
Vin : hommes, 12 cent.; — femmes, 9 cent.;
Viande bouillie : 12 déc. (avant préparation).

DES MALADES SORTANTS.

Les Malades sortants ont droit, le jour de leur sortie, aux aliments ci-après :
Soupe maigre : 30 cent.
Pain : hommes, 24 déc.; — femmes, 20 déc.
Vin : hommes, 24 cent.; — femmes, 18 cent.
Viande rôtie, ou viande bouillie, ou abats : 18 déc. (avant préparation).
Légumes secs : 8 cent., ou Légumes de saison, 24 déc. (quantités avant préparation), ou Œufs accommodés, 2.

Le rapprochement du nouveau régime alimentaire et du régime actuellement appliqué en fait ressortir les différences, et montre les importantes améliorations qui sont proposées. Mais je vais parcourir avec vous, Messieurs, les divisions qui composent le nouveau régime, pour rendre plus sensibles les principaux changements qu'il est destiné à introduire dans l'alimentation des malades.

Malades a la diète simple ou aux potages. — Les prescriptions relatives aux malades à la diète simple ou aux bouillons, et aux malades qui reçoivent des potages, n'ont subi à peu près aucune modification ; seulement ici, comme pour les divers degrés d'alimentation, les allocations sont fixes et portées au maximum.

Les malades à la diète simple et aux bouillons pourront recevoir des allocations extraordinaires de vin de Bordeaux ou de Bagnols, qui pourront être doublées pour plusieurs catégories de malades.

Malades au premier degré ou a une portion. — Il n'est rien changé en ce qui concerne les rations de pain. L'expérience montre que les allocations actuelles sont

plus que suffisantes. Cette observation est applicable anx trois autres degrés d'alimentation.

Les rations de vin, dans le régime actuel, sont fractionnées en portions facultatives de 8 centilitres. Ce fractionnement disparaît : il sera alloué des quantités fixes de vin, égales au maximum pour les malades à tous les degrés. Ce sera une augmentation très-notable ; mais par contre, pour les malades qui mangent, ces larges rations permettront de prélever le vin nécessaire pour les tisanes vineuses, lorsque les médecins autoriseront l'addition de vin aux tisanes usuelles. Il est à penser que l'on préfèrera donner aux malades une plus grande quantité de vin sous forme alimentaire, et qu'on verra ainsi restreindre aux seuls cas qui l'exigent, l'habitude, aujourd'hui prise sans nécessité, d'ajouter aux tisanes, pour la plupart des malades et sur leur propre demande, une certaine quantité de vin pour en relever le goût. L'amélioration très-notable du régime, au point de vue des éléments et des quantités, fait disparaître les motifs sur lesquels on s'est appuyé quelquefois, pour essayer de justifier l'extension abusive de l'usage des tisanes vineuses.

Les repas sont au nombre de trois.

Avant la visite médicale, à 7 heures, on donnera aux malades du premier degré un peu de lait, et à ceux des trois autres degrés une soupe maigre. Les médecins demandent généralement cette première allocation qui sera supprimée, au besoin, sur les indications du Chef de service.

Le repas du matin ou déjeuner, servi à dix heures, se composera d'un potage gras et de viande rôtie.

Le repas du soir, distribué à cinq heures, comportera un potage gras et une nourriture animale variée (volaille, viande rôtie, poisson ou œufs frais).

Les légumes, le riz ou les denrées de dessert, prévus dans le régime actuel, sont exclus de celui-ci pour les malades du premier degré. Toutefois, afin de répondre aux besoins de certains malades, on aura la faculté de remplacer la viande rôtie ou le poisson, par certains légumes frais ou par des œufs.

Malades au deuxième degré. — A l'occasion du premier degré d'alimentation dans le nouveau régime, nous avons fait ressortir l'augmentation accordée, à tous les degrés, des quantités de vin, et l'allocation d'une soupe maigre avant la visite médicale.

En ce qui concerne la composition des deux repas, on remarquera que la viande rôtie ou accommodée, les œufs et le poisson, interviennent deux fois par jour, tandis que l'usage des légumes est restreint, et soumis à des conditions de choix et de variété. Le riz, les pruneaux, les fruits cuits disparaissent du régime des malades du deuxième degré.

Malades au troisième et au quatrième degré. — Les malades des troisième et quatrième degrés reçoivent maintenant un seul plat de viande bouillie et un seul plat de légumes pour une journée, c'est-à-dire la viande à un repas et les légumes à l'autre. Dans le régime proposé, ils auront deux plats à chaque repas, l'un de viande, l'autre de légumes : trois fois par semaine, la viande sera rôtie ; les légumes frais et de saison, qui n'étaient jamais servis à ces malades, alterneront avec les légumes secs, les pommes de terre et les œufs, et, pour plus de variété, la viande bouillie sera plusieurs fois accommodée, et même remplacée par du poisson ou des abats.

Je passe maintenant, Messieurs, au régime nouveau que je propose pour les enfants.

RÉGIME ALIMENTAIRE

POUR LES ENFANTS

DES DIFFÉRENTS DEGRÉS D'ALIMENTATION

Les malades peuvent être selon les prescriptions journalières des médecins, soumis à l'un des degrés d'alimentation qui suivent :

A la diète absolue ;

A la diète simple ou aux bouillons ;

Aux potages ;

Aux aliments solides subdivisés en 4 degrés, depuis 1 degré jusqu'à 4 degrés.

MALADES A LA DIÈTE ABSOLUE

Les malades à la diète absolue ne reçoivent aucun aliment, ni bouillon, ni aucune espèce de boisson alimentaire.

MALADES A LA DIÈTE SIMPLE OU AUX BOUILLONS

Les malades à la diète simple ou aux bouillons reçoivent, pour 24 heures :

Bouillon gras : 4 portions de 20 cent.

MALADES AUX POTAGES

Les malades aux potages reçoivent, pour 24 heures :

Bouillon gras, 2 portions de 20 cent. — Potages gras : 2 portions de 25 cent.

Vin : garçons, 1 portion de 8 cent. ; — filles, 1 portion de 8 cent.

OBSERVATIONS

1° Ceux des malades à la diète simple ou aux potages, que les Chefs de service jugeraient en avoir besoin, à raison de leur état particulier, pourront recevoir, à titre d'allocation exceptionnelle et supplémentaire, soit une portion de vin de Bordeaux de 8 cent. pour les garçons et pour les filles, soit une portion de vin de Bagnols d'égale quantité. Ces prescriptions sont mentionnées au cahier de visite.

2° Les malades à la diète simple ou aux potages, qui seront soumis au régime lacté, n'auront pas d'allocation de vin. Ils recevront du lait en remplacement de bouillon gras et de potage gras, et dans des proportions égales. Ces prescriptions seront mentionnées au cahier de visite.

3° Une première distribution de lait ou de soupe maigre est faite à 7 heures. Les deux autres distributions ont lieu à 10 heures pour le repas du matin, et à 5 heures pour le repas du soir.

NATURE DES DENRÉES.		QUANTITÉS ALLOUÉES avant PRÉPARATION.	après PRÉPARATION.
Malades au 1er degré.			
PAIN BLANC.	aux garçons (tous les jours)	»	9 déc.
	aux filles id.......	»	8 déc.
VIN.	aux garçons id.......	»	16 cent.
	aux filles id.......	»	16 cent.
1re DISTRIBUTION AVANT LA VISITE.	Lait id.......	»	20 cent.
2e DISTRIBUTION A 10 H. DU MATIN.	1o Potage gras id.......	»	25 cent.
	2o Viande rôtie id.......	8 déc.	4 déc.
3e DISTRIBUTION A 5 H. DU SOIR.	1o Potage gras id.......	»	25 cent.
	2o Volaille (2 f. par sem.)	8 déc.	4 déc.
	2o Viande rôtie id.......	8 déc.	4 déc.
	2o Poisson id.......	8 déc.	5 déc.
	2o Œufs fr. 1 f. id.......	»	1 œuf.

NATURE DES DENRÉES.		QUANTITÉS ALLOUÉES avant PRÉPARATION.	après PRÉPARATION.
Malades au 2e degré.			
PAIN BLANC.	aux garçons (tous les jours).	»	18 déc.
	aux filles id.......	»	16 déc.
VIN.	aux garçons id.......	»	16 cent.
	aux filles id.......	»	16 cent.
1re DISTRIBUTION AVANT LA VISITE.	Lait id.......	»	20 cent.
2e DISTRIBUTION A 10 H. DU MATIN.	1o Soupe maig. id.......	»	25 cent.
	2o Viande r. (3 f. par sem.)	8 déc.	4 déc.
	2o Rag. de m. (2 f. id....	8 déc.	4 déc.
	2o Œufs fr. (2 f. par sem.)	»	1 œuf.
	2o Fruits c. (1 f. id....	8 déc.	6 déc.
	2o Pruneaux (2 f. id ...	4 déc.	6 cent.
	2o Riz au lait (2 f, id....	1 déc.	5 cent.
3e DISTRIBUTION A 5 H. DU SOIR.	1o Soupe gr. (tous les jours)	»	25 cent.
	2o Viande b. (3 f. par sem.)	8 déc.	4 déc.
	2o Poisson (2 f. id....	8 déc.	5 déc.
	3o Lég. de sais. (4 f. id....	8 déc.	5 cent.
	3o Pom. de t. lait (2 f. id..	8 déc.	8 déc.
	3o Confitures (1 f. id....	»	3 déc.

OBSERVATIONS

1o Ceux des malades aux 1er et 2e degrés que les Chefs de service jugeraient en avoir besoin, à raison de leur état particulier, pourront recevoir, à titre d'allocation exceptionnelle et supplémentaire, soit une portion de vin de Bordeaux de 8 centilitres pour les garçons et pour les filles, soit une portion de vin de Bagnols d'égale quantité. Lorsqu'ils seront soumis au régime lacté, ils recevront 80 centilitres de lait en remplacement de vin, soit ordinaire, soit de Bordeaux, soit de Bagnols. — Ces prescriptions seront mentionnées au cahier de visite.

2o La soupe ou le potage se compose de 25 centilitres de bouillon et de 2 déc. 5 de pain ou de 1 déc. de pâtes.

NATURE DES DÉPENSES.		QUANTITÉS ALLOUÉES avant PRÉPARATION.	après PRÉPARATION.
Malades au 3e degré.			
PAIN BLANC.	aux garçons (tous les jours)	»	27 déc.
	aux filles *Id*......	»	24 déc.
VIN.	aux garçons *Id*......	»	24 cent
	aux filles *Id*......	»	24 cent.
1re DISTRIBUTION AVANT LA VISITE.	Soupe maigre *Id*......	»	25 cent.
2e DISTRIBUTION A 10 H. DU MATIN.	1° Soupe maigre *Id*....	»	25 cent.
	2° Viande rôt. (3 f. p. s.).	8 déc.	4 déc.
	2° Abats (1) (1 f. *Id*.).	8 déc.	5 déc.
	2° Bouil. ac. (2)(3 f. *Id*.).	8 déc.	4 déc.
	3° Légumes de s. (1 f. *Id*.).	12 déc.	8 cent.
	3° Légumes secs (5 f. *Id*.).	4 cent.	8 cent.
	3° Œufs accom. (1 f. *Id*.).	»	1 œuf
3e DISTRIBUTION A 5 H. DU SOIR.	1° Soupe grasse (t. les j.).	»	25 cent.
	2° Viande b. (6 f. p. s.).	12 déc.	6 déc.
	2° Poisson (1) (1 f. *Id*.).	12 déc.	8 déc.
	3° Légumes fr. (3 f. *Id*.).	12 déc.	8 cent.
	3° Pom. de terre (2 f. *Id*.).	12 déc.	12 cent.
	3° Riz au lait ou au gras (2 f. *Id*.).	1 déc. 5	7 cent. 5

NATURE DES DÉPENSES.		QUANTITÉS ALLOUÉES avant PRÉPARATION.	après PRÉPARATION.
Malades au 4e degré.			
PAIN BLANC	aux garçons (tous les jours)	»	36 déc.
	aux filles *Id*......	»	32 déc.
VIN.	aux garçons *Id*......	»	24 cent.
	aux filles *Id*......	»	24 cent.
1re DISTRIBUTION AVANT LA VISITE.	Soupe maigre *Id*......	»	25 cent.
2e DISTRIBUTION A 10 H. DU MATIN.	1° Soupe maigre *Id*....	»	25 cent.
	2° Viande rôt. (3 f. p. s.).	12 déc.	6 déc.
	2° Abats (1) (1 fois *Id*.).	12 déc.	8 déc.
	2° Bouilli acc. (3 f. *Id*.).	12 déc.	6 déc.
	3° Légumes de s. (1 f. *Id*.)	16 déc.	10 cent.
	3° Légumes secs (5 f. *Id*).	6 cent.	12 cent.
	3° Œuf accom. (1 f. *Id*.).	»	1 œuf 1/2
3e DISTRIBUTION A 5 H. SOIR.	1° Soupe grasse (t. les j.).	»	25 cent.
	2° Viande bouil. (6 f. p. s.)	16 déc.	8 déc.
	2° Poisson (1 fois *Id*.).	16 déc.	10 déc.
	3° Légumes frais (3 f. *Id*.).	16 déc.	10 cent.
	3° Pom. de terre (3 f. *Id*.).	16 déc.	16 cent.
	3° Riz au lait ou au gras (2 f. *Id*.).	2 déc.	10 cent.

OBSERVATIONS.

(1) Les abats et le poisson pourront, suivant les besoins du service, être remplacés : les abats par du bouilli accommodé, le poisson par de la viande bouillie.

(2) L'assaisonnement n'est point compté dans le poids de 4 déc.

DES MALADES ENTRANTS.

Les malades ne comptent pas pour les vivres le jour de leur entrée.

Cependant, ceux qui seront en état de manger recevront, sur bons particuliers du médecin, ou sur bons de l'élève interne, légalisé le lendemain par le médecin :

Soupe grasse : 25 cent.

Pain : garçons, 9 déc. ; filles : 8 déc. ;

Vin : garçons et filles, 8 cent. ;

Viande bouillie : 8 déc. (avant préparation).

DES MALADES SORTANTS.

Les malades sortants ont droit, le jour de leur sortie, aux aliments ci-après :

Soupe maigre : 25 cent. ;

Pain : garçons, 18 déc. ; filles, 16 déc. ;

Vin : garçons et filles, 16 cent. ;

Viande rôtie, ou viande bouillie, ou abats : 12 déc. (avant préparation).

Légumes secs : 5 cent. ; légumes de saison, 16 déc. ; ou œufs accommodés 1 1/2 (quantités avant préparation).

Observation générale. — Comme dans le régime alimentaire des adultes, on a appliqué, pour les enfants, le système des fixations invariables : les prescriptions facultatives se suppléant l'une par l'autre disparaissent ; chaque degré d'alimentation entraîne avec lui une série d'allocations qui lui est inhérente.

Ce mode de procéder comprend d'abord les malades à la diète simple ou aux bouillons, et les malades aux potages. Il s'étend aussi, pour tous les degrés d'alimentation, aux allocations de potages, de soupes, de lait, et enfin à celles qui concernent spécialement les vins : vin ordinaire, vin de Bordeaux ou de Bagnols.

Malades a la diète simple ou aux potages. — Il n'y a aucune remarque particulière à faire pour ces deux catégories de malades. Les prescriptions qui leur sont relatives sont fixes, au lieu d'être abandonnées, suivant la personne chargée de la tenue du cahier, au caprice, au hasard ou à la routine.

Allocations de pain et de vin. — Les allocations de pain n'ont pas été augmentées ; celles qui sont adoptées actuellement sont plus que suffisantes ; on

constate, en effet, des bonis assez considérables de pain, dans les comptes en aliments des hôpitaux d'enfants.

Quant au vin, il n'a pas paru nécessaire d'en accroître les rations : l'abus des tisanes vineuses ne s'est pas introduit dans les services d'enfants, et l'absence de bons exceptionnels à cet égard nous confirme dans la conviction que les distributions actuelles répondent aux besoins des petits malades.

Il nous a semblé aussi qu'il n'y avait pas, pour les enfants, une raison sérieuse de maintenir une différence dans la quantité de vin allouée aux garçons ou aux filles ; on propose donc les mêmes rations pour les deux sexes. Au quatrième degré, l'allocation commune atteindra 24 centilitres. Elle est aujourd'hui de 25 centilitres pour les garçons et de 20 centilitres pour les filles.

Lait. — L'usage du lait dans le régime des enfants est maintenu ; mais le lait ne sera plus une boisson alimentaire distribuée indistinctement à tous les degrés d'alimentation, depuis le malade à la diète simple jusqu'au malade au quatrième degré ; l'expérience montre que, dans ces deux conditions, il sert trop souvent à des usages abusifs.

Le lait sera, d'abord, réservé aux malades pour lesquels les Chefs de service auront réclamé le régime lacté. Il sera ensuite distribué, comme premier repas, aux malades du premier et du deuxième degré, et tous les besoins seront ainsi satisfaits ; il sera alors possible, au moyen de la vacherie centrale de Bicêtre, d'entretenir tous les services d'enfants d'un lait parfaitement pur, avantage réservé aujourd'hui aux enfants en bas âge et à certains malades.

Malades au premier degré. — Ces malades feront trois repas : le matin, à 7 heures, ils recevront une ration de bon lait ; à 10 heures, un potage gras et un plat de viande rôtie ; le soir, à 5 heures, un potage avec viande rôtie, ou volaille, ou poisson, ou œufs frais.

On remarque que les allocations substantielles de viande rôtie, volaille, poisson et œufs qui, dans le régime actuellement en vigueur, ne figurent qu'à un seul repas, seront à l'avenir données deux fois par jour, et constitueront, pour cette catégorie de malades qui commencent à manger, une alimentation à la fois choisie et suffisamment réparatrice.

Malades au deuxième degré. — Les malades au deuxième degré qui reçoivent aujourd'hui 10 décagrammes de viande rôtie le matin, et 24 décagrammes de

légumes de saison le soir, avec deux potages ou soupes au gras, verront leur régime alimentaire sensiblement amélioré.

Il leur sera fait trois distributions :

1° Une ration de lait avant la visite;

2° Au repas de 10 heures, un potage gras, un rôti de viande ou de ragoût de menu (8 décagrammes), et un second plat composé d'un œuf, de 8 décagrammes de fruits, de 4 décagrammes de pruneaux ou de 1 décagramme de riz.

3° Au repas du soir, une soupe grasse, une portion de poisson ou de viande bouillie (8 décagrammes), et une portion de légumes de saison ou de pommes de terre (8 décagrammes).

Cette catégorie de malades aura donc droit, pour la journée, à 16 décagrammes de viande au lieu de 10 décagrammes, et à des légumes variés. Leur régime sera ainsi plus substantiel et plus agréable.

Dans le cas où quelques enfants, appartenant aux deux premiers degrés, auraient besoin de faire une collation entre leur repas de dix heures du matin et celui de cinq heures du soir, il sera prélevé sur les allocations journalières un peu de pain et de vin avec une petite quantité soit de fruits, soit de pruneaux, soit de confitures restant du matin. Les provisions apportées par les parents seront réservées pour cette sorte de goûter souvent utile, surtout pour les enfants de 2 à 10 ans.

Malade aux 3e et 4e degrés. — L'alimentation des malades des 3e et 4e degrés reçoit, avec le nouveau régime, une amélioration des plus notables, et c'est là un point capital, lorsqu'il s'agit d'une population d'enfants scrofuleux et anémiques, comme celle de nos hôpitaux, qui réclame une nourriture éminemment fortifiante.

Aujourd'hui, leur régime n'admet que les légumes frais ou secs pour le repas du matin, et la viande bouillie pour le repas du soir. Le nouveau régime prescrit la viande à chacun des repas, et cette viande n'est pas toujours bouillie; elle est, plusieurs fois par semaine, grillée ou rôtie. Le poisson, les œufs, les légumes de saison, les ragoûts de bœuf et les abats entrent également dans leur menu. Les allocations, tout en restant abondantes, sont plus variées et stimulent davantage l'appétit des malades.

Heures des repas.—Les enfants réclament une alimentation soutenue à de courts intervalles. Aussi, indépendamment des trois repas réglés précédemment, il est

utile de prévoir, sous le titre de goûter, une collation qui sera donnée à tous les enfants dont la situation l'exigera, et notamment aux enfants au-dessous de dix ans.

La première distribution du matin sera supprimée, lorsqu'il y aura lieu, sur prescription spéciale du Chef de service.

Prescriptions exceptionnelles et extraordinaires. — Le nouveau régime supprime tous les bons extraordinaires, et n'admet de mets supplémentaires que dans des cas tout à fait exceptionnels et explicitement spécifiés.

Les vins de Bordeaux et de Bagnols sont les seules prescriptions autorisées, mais seulement en faveur de certains malades et à raison de leur état particulier.

Il résulte des tableaux ci-dessus et des explications sommaires dans lesquelles je viens d'entrer, que le régime nouveau pour les adultes et les enfants, se composera d'éléments plus substantiels, plus variés, et par conséquent plus réparateurs.

A ces avantages, l'administration ajoutera des soins particuliers dans le mode de cuisson et de distribution ; elle se propose aussi de revoir et de modifier, en l'améliorant, la nomenclature des assaisonnements prévus par le règlement sur le régime alimentaire.

Déjà même, elle a appliqué à l'Hôtel-Dieu et à Lariboisière de nouvelles formules pour la confection des soupes maigres, qui entreront plus fréquemment qu'aujourd'hui dans le régime des malades. Cette préparation, lorsqu'elle est bien faite et lorsque le régime ordinaire est substantiel, trouve une place utile dans l'alimentation de chaque jour. Nous avons d'ailleurs été amené à cet arrangement, par la nécessité où nous nous sommes placé, de restreindre les quantités de viande mises à la marmite, puisqu'une partie de cette viande sera désormais servie rôtie au feu vif. Toutefois, la quantité de bouillon produite par la viande bouillie sera largement suffisante pour les besoins.

Je donne ci-après les nouvelles formules pour les soupes maigres, qui complètent les tableaux descriptifs du régime proprement dit :

Tableau.

FORMULES DE SOUPES MAIGRES.

1° SOUPES POUR LES MALADES ET POUR LE PERSONNEL.

Soupe aux légumes secs.

Eau	lit.	100 »
Beurre et graisse	kil.	2 75
Sel	—	1 20
Poivre	—	» 005
Légumes secs	lit.	10 »
Oignons	kil.	» 50

Soupe à l'oseille.

Eau	lit.	100 »
Beurre et graisse	kil.	2 75
Sel	—	1 20
Poivre	—	» 005
Oseille crue	—	8 »
Ou Oseille cuite	—	3 »
Légumes secs	lit.	4 »

Julienne.

Eau	lit.	100 »
Beurre et graisse	kil.	3 »
Sel	—	1 20
Poivre	—	» 005
Légumes frais	—	4 »
Plantes potagères	—	4 »
Pommes de terre	—	4 »

Soupe aux poireaux et aux pommes de terre.

Eau	lit.	100 »
Beurre et graisse	kil.	2 75
Sel	—	1 20
Poivre	—	» 005
Poireaux	—	6 »
Pommes de terre	—	12 »

Panade.

Eau	lit.	100 »
Beurre et graisse	kil.	3 50
Sel	—	1 50
Poivre	—	» 005
Œufs	nomb.	20 »
Lait	lit.	10 »

2° SOUPES SPÉCIALES AU PERSONNEL.

Soupe à l'oignon.

Eau	lit.	100 »
Beurre et graisse	kil.	3 »
Sel	—	1 20
Poivre	—	» 005
Oignons	—	4 »
Farine	—	1 »

Soupe aux choux.

Eau	lit.	100 »
Beurre et graisse	kil.	3 »
Sel	—	1 50
Poivre	—	» 01
Choux	—	14 »
Pommes de terre	—	8 »

Pour me rendre compte des conséquences financières de l'application du régime proposé, j'ai dû rechercher de quelle somme la journée du malade s'en trouverait augmentée, soit dans les hôpitaux généraux, soit dans les hôpitaux spéciaux et les infirmeries des hospices, soit enfin dans les hôpitaux d'enfants.

En ce qui concerne les hopitaux généraux, la suppression des prescriptions extraordinaires d'aliments, et l'économie qui sera faite de quantités considérables de vin employées aujourd'hui dans les tisanes, compenseront une partie de la dépense.

Dans les hôpitaux spéciaux ou dans les infirmeries des hospices, où ces consommations exceptionnelles étaient beaucoup plus modérées, la dépense sera plus sensible. Il en est de même pour les hôpitaux d'enfants, où il n'était fait, bien entendu, aucun usage des tisanes vineuses.

Toutes compensations faites, il suffira de l'augmentation de crédit de 80,000 fr., portée au budget de 1867, pour couvrir l'excédant de dépenses qui doit résulter de la mesure proposée.

Les effets que nous devons en attendre sont considérables : l'introduction d'un nouveau régime alimentaire bien combiné, s'il n'abrége point la durée des convalescences, doit assurément contribuer à rendre les guérisons plus sûres, et sera, dans les mains habiles de nos médecins, un précieux moyen de réparer les forces de leurs malades. Aussi, je n'hésite pas à penser, Messieurs, que vous voudrez bien émettre un avis favorable à mes propositions, en votant, au budget de 1867, le supplément de crédit que leur application devra rendre nécessaires.

L'adoption de ces propositions entraînera d'ailleurs une nouvelle rédaction du règlement sur le régime alimentaire. Cette révision sera l'objet d'un travail que je compte vous soumettre avant la fin de l'année.

Paris, le 26 juillet 1866.

Le Directeur de l'Administration générale de l'Assistance publique,

A. Husson.

ANNEXE

EXAMEN COMPARATIF

DU

RÉGIME ALIMENTAIRE ADOPTÉ POUR LES MALADES

DANS LES

HOPITAUX CIVILS ET MILITAIRES DE LA FRANCE

ET LES PRINCIPAUX

HOPITAUX DE DIVERS ÉTATS DE L'EUROPE (1).

Lorsqu'on entreprend d'étudier et d'approfondir les questions relatives au régime alimentaire qu'il convient de suivre dans les établissements hospitaliers, il faut rechercher d'abord quelles sont, dans la vie ordinaire, les conditions d'une bonne alimentation pour l'homme valide; on peut alors en déduire le régime le mieux approprié aux individus dans l'état de maladie.

Un physiologiste distingué, M. J. Béclard, développe, dans son *Traité de physiologie humaine*, les principes qui doivent servir de base à l'étude de tout ce qui touche à la nourriture de l'homme. D'après cet auteur, l'alimentation peut être envisagée sous deux points de vue, selon qu'on l'applique à un individu valide ou à un malade : elle a donc pour but, soit de maintenir le corps dans son état de validité, en équilibrant les forces perdues par l'acquisition de nouvelles forces, soit de rétablir dans le corps cet équilibre un instant interrompu. Dans le premier cas, elle entretient; dans le second, elle répare. La conséquence forcée de ce double but est la nécessité de deux genres d'alimentation bien différents l'un de l'autre, et appropriés chacun à sa destination spéciale.

Le régime alimentaire de l'homme valide doit être fort, substantiel, riche en principes azotés; l'homme qui travaille, dont le corps par conséquent perd constamment de ses forces, a un besoin impérieux de deux choses, d'une bonne nourriture et d'un long sommeil. La première compense, par des forces nouvelles, celles qu'il a usées dans le travail; le second détend les muscles et leur rend leur élasticité et leur vigueur. Leur action, en se combinant et en se complétant mutuellement, constitue pour le corps le parfait état de santé.

Quelle est la perte que subit, par le jeu ordinaire de la vie animale et l'action régulière du travail, l'individu bien portant?

(1) Ce travail a été rédigé à l'occasion des études entreprises dès 1861, et poursuivies les années suivantes, par l'Administration, pour établir sur de nouvelles bases le régime alimentaire des malades, dans les hôpitaux de Paris.

M. Bérard, dans le rapport qu'il présentait, en 1853, au nom d'une commission spéciale (1), à M. le Ministre de l'instruction publique, touchant la réforme du régime alimentaire des lycées, essaye de l'évaluer, et complète, sur plusieurs points, les indications théoriques que nous avons empruntées à M. Béclard.

« Parmi les produits que l'économie élimine incessamment, dit-il, il en est un, l'urée, qui indi-
« que plus particulièrement la proportion de matière azotée détruite par le mouvement de la vie
« et qui doit être renouvelée, sous peine de dépérissement du corps. Des expériences rigou-
« reuses ont démontré que si, dans une période de douze jours, un homme de vingt ans élimine
« 334 grammes d'urée, un enfant de huit ans, bien portant et bien nourri, en éliminera 170
« grammes environ, dans le même espace de temps. La proportion est comme 1 est à 2, et il
« s'agit d'enfants âgés de huit ans seulement, comparés à des hommes de vingt ans. L'induction
« nous enseigne qu'il ne serait pas sans inconvénient de s'éloigner par trop de cette proportion,
« dans la répartition de la viande aux élèves des lycées, puisque la viande contient la plus
« grande partie de l'azote des aliments qui leur sont offerts (2). »

Il resterait à savoir à quelle quantité de matières azotées correspondent les quantités d'urée éliminées. Mais la science ne nous fournit pas de réponse à cette question : s'il est établi, par des expériences positives, que dans un poids donné de viande, il y a trois fois moins d'azote que dans un même poids d'urée, il ne faut pas perdre de vue que l'azote introduit dans l'économie ne sert pas directement et uniquement à former l'urée, et que d'ailleurs la production plus ou moins abondante de cette substance dépend de l'état plus ou moins sain, plus ou moins régulier des organes digestifs.

A défaut de base précise, le rapport que nous venons de citer contient des inductions qui peuvent permettre du moins de déterminer quelles quantités de viande sont nécessaires pour entretenir ou réparer les forces vitales, et, par conséquent, pour produire les quantités normales d'urée que secrète l'homme bien portant. Après avoir développé les principes qui ont guidé la commission au nom de laquelle il parle, M. Bérard propose d'allouer, pour les élèves du petit collége, dans les lycées, une ration journalière de 90 grammes de viande cuite, soit 45 grammes par tête et par repas, et cette quantité a été portée à 100 grammes. Or, si l'on multiplie par 2 cette dernière quantité, d'après le rapport indiqué dans la citation que nous venons de faire, en ce qui touche les enfants de huit ans comparés à des adultes de vingt ans, on trouvera que l'alimentation normale de l'homme valide doit comporter une allocation de viande d'au moins 200 grammes, après cuisson. Nous verrons plus loin que ces indications, quoique donnant des proportions un peu inférieures, se rapprochent beaucoup de ce que l'expérience nous enseigne, en ce qui touche la nourriture de la population virile. Mais il ne faut pas perdre de vue, d'une part, que si dans la chair des animaux dominent les principes azotés qui sont les plus essentiels à l'alimentation, il y a nécessité d'en combiner l'usage avec les substances non azotées provenant de certains végétaux, de manière à obtenir une alimentation complète, qui contienne tous les éléments propres à former nos tissus.

Ainsi, sans tenir compte des aliments plastiques qui complètent l'alimentation normale, on peut dire que, dans nos climats et dans les pays où ce genre de nourriture est accessible à la population, il doit entrer, dans l'alimentation ordinaire de l'homme, de 200 à 250 grammes de viande, qui est la nourriture azotée par excellence.

---

(1) Cette commission était composée de MM. les docteurs Bérard, Gillette, Levraud et Alibert.
(2) *Moniteur* du 4 septembre 1853.

C'est cette quantité, plus ou moins augmentée ou atténuée, qu'on retrouve dans le régime alimentaire déterminé pour certaines catégories de personnes.

Si nous consultons d'abord le régime appliqué, soit en garnison, soit en campagne, à l'armée de terre formée d'individus choisis et dans la vigueur de l'âge, nous voyons qu'il se divise comme il suit,

Pour les soldats en garnison :

Pain		1 kil.
Pain de soupe	250 »	
Vin	25 centilitres.	
Viande	250 grammes.	
Légumes	30 centilitres.	

En campagne, la quantité de viande s'élève à 300 grammes, jamais au-dessus ; et c'est la seule différence que présente le régime du soldat en temps de paix ou en temps de guerre ; mais ici, il convient de faire remarquer que l'État, en temps de paix, ne fournit au soldat que le pain de l'ordinaire ; les autres substances alimentaires qui entrent dans sa nourriture sont achetées directement par les compagnies, la dépense en étant prélevée sur la solde, et les quantités pouvant en être arbitrairement augmentées ou diminuées. Il résulte des rapports d'inspection présentés au Ministre de la guerre, que la quantité de viande allouée généralement à l'ordinaire serait de 300 à 315 grammes par homme et par jour.

Or, si nous en jugeons par ce qui se passe tous les jours sous nos yeux, la quantité de pain allouée à l'ordinaire serait sensiblement supérieure aux besoins réels du soldat, puisque celui-ci trouve si souvent, en hiver, les moyens d'exercer sa charité, en prélevant sur sa ration la nourriture d'un nombre considérable d'indigents.

Le régime alimentaire du marin diffère peu du régime du soldat de l'armée de terre : il se divise en ration de port et en ration à la mer, dite de campagne. La première comporte 300 grammes de viande fraîche et des légumes verts, tandis que la seconde ne comprend que 200 grammes de viande salée et des légumes secs ou desséchés (mélanges d'équipage). Dans l'une comme dans l'autre, la quantité de pain est fixée à 750 grammes ou à un poids correspondant de biscuit (550 grammes) ; l'allocation de vin est de 46 centilitres. Dans les ports, comme à la mer, le marin reçoit au déjeuner 20 décagr. de café et 6 centilitres d'eau-de-vie ou de rhum. Dans le premier cas, c'est-à-dire dans l'état stationnaire, il lui est attribué, au lieu de viande, de la morue le vendredi, et du fromage le lundi ; à la mer, au contraire, les légumes sont remplacés, une fois par semaine, par 10 décagrammes de fromage.

Si, en dehors de ces fixations réglementaires, nous cherchons à déterminer quelle peut être la ration moyenne de chaque individu placé dans les conditions ordinaires de la vie civile, les documents précis nous manquent.

On trouve cependant, dans un ouvrage publié il y a quelques années (1), des indications qui peuvent donner une idée à peu près exacte de la quantité moyenne attribuée à chaque individu dans la somme totale des denrées de toute espèce qui composent l'approvisionnement d'une

(1) *Les Consommations de Paris.*

grande ville. Sans doute, il s'agit ici d'une population de tout âge et de tout sexe ; mais il ne faut pas perdre de vue que cette population renferme une masse considérable de consommateurs exceptionnels, tels que les ouvriers, les voyageurs et les gens riches ou aisés.

Or, en évaluant en poids les denrées qui entrent annuellement dans l'approvisionnement de Paris, on a trouvé les chiffres ci-après pour la consommation de chaque habitant :

1° Pain		494	grammes.
2° Viande de boucherie	171	199	»
3° Viande de porc (charcuterie)	28		
4° Volaille et gibier		27	»
5° Poisson		35	»
6° Beurre et fromages		40	»
7° Œufs		23	»
		818	grammes.
8° Pâtisserie		13	»
9° Pâtes alimentaires		10	»
10° Sucre		20	»
11° Bonbons, confitures, raisiné, miel		6	»
12° Café, chicorée, chocolat, thé		11	»
13° Fruits de primeur et fruits de saison		617	»
14° Légumes frais et secs		374	»
15° Oranges, citrons, fruits secs		16	»
16° Truffes, assaisonnements		21	»
17° Glace		19	»
		1 k. 925	»

On voit donc qu'en moyenne, les aliments qui sont absorbés en un jour représentent un poids d'environ 2 kilogrammes par personne ; mais si, restreignant l'alimentation à ce qui est nécessaire, on se borne à compter les sept premiers articles de la nomenclature qui précède, on voit qu'une quantité moyenne de 818 grammes suffirait à chaque individu de tout âge et de tout sexe, pour sa nourriture normale.

Ce n'est là, nous le savons, qu'une moyenne; mais il serait difficile d'arriver à une évaluation plus exacte : le classement le plus minutieux de la population en catégories nombreuses, selon l'âge, le sexe, les habitudes et l'état de santé, ne saurait la fournir.

On peut cependant, en prenant pour exemple l'ouvrier qui vit de son salaire, apprécier ce que peut être la nourriture d'un homme fort et valide, qui use ses forces dans le travail. Cette fois, il s'agit d'un maximum; mais chacun est à même de juger si les chiffres que nous donnons

ci-après répondent à la vérité des faits. Nous les avons fixés, après nous être rendu compte du régime que les ouvriers célibataires se procurent dans les restaurants à bon marché.

Pain	1 kilogramme.
Vin	75 centilitres.
Viande bouillie ou accommodée	200 à 250 grammes.
Soupe	1 litre.
Légumes	50 centilitres.

Ces quantités se partagent en trois repas : le déjeuner composé de pain, auquel quelquefois s'ajoute un peu de viande de charcuterie ou une sardine ; le dîner et le souper, où figurent la soupe et un plat de viande garni de légumes assaisonnés.

Nous pouvons encore fournir quelques données sur l'alimentation de plusieurs autres classes d'individus ; nous les trouvons dans le remarquable rapport de M. Bérard ; mais ici il ne s'agit que d'une partie, la plus importante il est vrai, de la nourriture quotidienne, c'est-à-dire de la viande.

Nous lisons dans ce rapport, que les élèves de l'école d'Alfort, dont on vante le bon régime, reçoivent par jour 250 grammes de viande cuite désossée.

Il est attribué un poids à peu près égal (220 à 230 grammes de viande cuite), aux élèves de l'Ecole normale.

Les maîtres des lycées, qui sont aussi des adultes, ont droit à 200 grammes seulement.

Le rapport, signalant ensuite l'insuffisance de la nourriture servie aux élèves dans les lycées de Paris qui reçoivent des pensionnaires, propose, pour ces jeunes consommateurs, un régime plus riche en substances azotées, et c'est à la suite de cette proposition, que le Ministre de l'instruction publique a déterminé les quantités de viande qui doivent être attribuées désormais aux élèves des lycées de Paris et des départements :

Élèves du grand collége	140 grammes
Élèves du moyen collége	120 —
Élèves du petit collége	100 —

Tels sont les renseignements que nous avons pu recueillir sur les éléments de la nourriture de l'individu valide. Nous pouvons remarquer, dès à présent, que ces divers régimes comportent tous une allocation de viande, qui, pour les adultes, varie entre 200 grammes et 300 grammes, et, pour les enfants des lycées, de 100 à 140 grammes. Nous verrons tout à l'heure si le régime accordé au malade, au moment où, convalescent, il a besoin de réparer ses forces, s'en rapproche d'une manière suffisante.

Le régime alimentaire aujourd'hui en vigueur dans les hôpitaux de Paris comporte les allo-

cations suivantes pour les quatre portions, c'est-à-dire pour le quatrième degré de l'alimentation applicable au convalescent.

	ADULTES.		ENFANTS.	
	HOMMES.	FEMMES.	GARÇONS.	FILLES.
	décagrammes.	décagrammes.	décagrammes.	décagrammes.
Pain	48	40	36	32
Soupes — Bouillon gras	30	30	25	25
Soupes — Bouillon maigre (1)	30	30	25	25
Soupes — Pain	8	8	6	6
Viande bouillie	18	18	13	13
Légumes secs, ou légumes frais, ou pommes de terre, ou riz au lait (2)	33	33	27	27
Vin (3) (de 1 à 5 portions)	40	30	25	20
ou lait	»	»	»	»
TOTAL	2k.07	1k.89	1k.57	1k.48

Il est alloué, en outre, sur des bons supplémentaires, à un grand nombre de malades, des quantités notables de viande rôtie (côtelettes, biftecks, poulets), qui s'ajoutent aux légumes servis pour le repas du matin.

Nous avons dit ailleurs, en parlant des hôpitaux de la guerre, que le régime alimentaire y était l'objet d'une sollicitude toute spéciale; mais cela résulte encore plus de la pratique que de l'allocation nominale qui figure sur les tarifs. En effet, le règlement du 1er avril 1831, applicable aux hôpitaux militaires, porte que tout homme qui reçoit un bouillon ou potage gras est, par cela même, au régime gras, et que, quel que soit d'ailleurs son degré d'alimentation, il compte

(1) Pour les deux soupes.

(2) Les allocations du régime applicables aux adultes sont les suivantes :

Légumes secs	24	centilitres.
Légumes frais	32	—
Pommes de terre	48	—
Riz au lait	30	—

dont la moyenne est 33 centilitres.

(3) On prescrit toujours le maximum. Quelquefois l'allocation est ainsi divisée : trois portions de vin, deux portions de lait.

La portion de vin se compose de 8 centilitres pour les hommes.
— — 6 — pour les femmes.
— — 5 — pour les garçons.
— — 4 — pour les filles.

La portion de lait comporte 20 centilitres pour les adultes, et 15 centilitres pour les enfants.

à la marmite pour une portion entière de viande. Il en résulte que les soldats atteints d'affections légères ou qui sont en voie de guérison bénéficient de la part de ceux à qui la diète est imposée, ou qui ne peuvent prendre qu'une faible portion de la nourriture qui leur est allouée. La quantité de viande à mettre à la marmite est donc déterminée, non d'après le régime particulier de chaque malade, mais d'après le nombre total des individus traités dans l'établissement (1). Ces deux nombres varient en raison inverse l'un de l'autre; plus le nombre des malades est considérable, plus celui qui exprime la quantité de viande diminue. C'est ainsi que cette quantité qui, pour vingt-cinq malades, est de 500 grammes de viande crue et non désossée, décroît graduellement et tombe à 400 grammes, lorsque le nombre des malades atteint trois cents.

Nous prenons ces chiffres dans le régime établi par M. l'intendant général Dubois.

Le tarif qui porte le nom de ce fonctionnaire a remplacé le tarif alimentaire de 1843, qui attribuait à chaque malade, pour la portion entière (2) :

Pain	75 décagrammes.
Viande	28 —
Potages ou soupes	1 litre.
Légumes secs	50 centilitres.
Vin	25 —

Ce régime, à ce qu'il paraît, laissait beaucoup à désirer : d'une part, il était onéreux au Trésor, en ce qu'il allouait des quantités trop fortes, et de l'autre, il manquait de variété.

Au contraire, le tarif Dubois, aujourd'hui en vigueur, accorde une grande latitude aux comptables, « dont l'habileté doit consister à ne dépenser que le véritable nécessaire. »

Bien que, sous le titre d'aliments légers, il permette d'accorder aux malades à la portion entière des fruits frais ou secs, des confitures, des biscuits, des œufs, du riz au lait ou du chocolat, il ne prévoit de légumes verts et de viande de mouton et de veau (rôti ou ragoût), que pour les malades à la demi-portion. Mais nous avons tout lieu de présumer que les comptables, profitant de la faculté qui leur est accordée de prélever chaque matin, sur le poids total de la viande, les morceaux de choix pour les donner le soir en rôti, font profiter indistinctement tous les malades de ce précieux bénéfice.

Le régime applicable aux hôpitaux de la marine est réglé par l'ordonnance du 21 juillet 1860, qui détermine les allocations suivantes :

Pain	75 décagrammes.
Viande	28 —
Potages ou soupes	93 cent. 70
Légumes secs	50 centilitres.
Vin	23 —

(1) *Etude sur les hôpitaux*, page 360.

(2) Il est vrai de dire que, dans les hôpitaux militaires, la portion entière ne peut être allouée plus de trois jours consécutifs

Nous avons cité en détail les trois régimes suivis dans les hôpitaux de Paris, dans les hôpitaux militaires et dans ceux de la marine, parce qu'il est évident qu'ils ont servi de base à celui qui a été adopté dans presque tous les hôpitaux civils et militaires de notre pays.

En effet, nous avons dépouillé, pour dix-sept des villes de France les plus importantes, les tarifs spéciaux à la nourriture des malades dans les hôpitaux ; il nous est donc possible d'en faire ressortir, par quelques rapprochements, les similitudes ou les différences.

Nous voyons au premier coup d'œil que l'Administration hospitalière de la ville de Rouen a presque littéralement copié son régime sur celui des hôpitaux parisiens ; d'autres villes, parmi lesquelles nous citerons Amiens, Angers, Besançon et Strasbourg, en diffèrent à peine.

Dijon, Nantes, Orléans, Rennes, Tours et Valenciennes se rapprochent davantage du régime suivi dans les hôpitaux de la guerre et de la marine.

C'est à Lille, à toutes les classes du régime, que les malades reçoivent le moins de pain. En effet, la quantité fixée pour les malades à la portion entière est de 31 décagrammes pour les hommes et de 25 décagrammes pour les femmes. Dans les hôpitaux de la guerre et de la marine, à Nantes et à Rennes, cette quantité est portée à 75 décagrammes; elle est de 60 décagrammes à Bordeaux et à Versailles, de 56 décagrammes à Angers, de 50 à Dijon, à l'Hôtel-Dieu de Lyon, à Strasbourg et à Toulouse. Enfin, elle est, à Paris et à Rouen, de 48 décagrammes pour les hommes, et de 40 décagrammes pour les femmes. Partout ailleurs, à Amiens, à Besançon, à Orléans, à Tours et à Valenciennes, elle est de 37 décagr. 50.

Si donc nous additionnons ces différentes quantités pour en tirer une moyenne, nous trouvons que la consommation en pain, pour les malades à la portion entière, serait de 51 décagrammes 60 par jour.

Mais ici se place une observation importante.

A Paris, où la ration en pain, nous venons de le voir, est faible relativement à celle qui est délivrée dans plusieurs hôpitaux des autres villes, on a constaté que 48 décagrammes de pain étaient déjà une quantité excessive, notablement supérieure à la consommation réelle, par conséquent aux besoins des malades. Outre les bonis réalisés sur les distributions quotidiennes faites dans les services, chaque jour les sœurs recueillent et font jeter avec les eaux grasses une masse de morceaux de pain abandonnés ; aussi l'Administration hospitalière de Paris, loin de songer à augmenter la quantité de pain allouée par le régime, serait-elle disposée à la proportionner aux véritables besoins, sauf à augmenter, dans le nouveau régime dont elle s'occupe, les allocations d'aliments azotés.

D'après l'expérience faite à Paris, n'est-on pas autorisé à penser que les quantités de pain indiquées aux différents régimes que nous venons d'examiner sont purement nominales, qu'elles ne sont pas distribuées intégralement, et que si, par impossible, elles le sont quelque part, c'est en compensation de ce qui serait économisé sur les autres parties de la nourriture?

L'Hôtel-Dieu de Marseille ne concourt pas dans la formation de la moyenne que nous venons d'établir pour les quantités de pain données aux malades à la portion entière. Le régime de cet établissement ne comporte, en effet, que trois degrés d'alimentation, le 1/4, la 1/2 et les 3/4 de portion. A ce dernier degré, les malades sont considérés comme convalescents ; les allocations, du reste, correspondent à peu près à celles de la portion entière, telles qu'elles sont indiquées pour la plupart des autres établissements. Le pain y est délivré dans les proportions suivantes : 15 décagrammes au 1/4 de portion, 30 à la 1/2 portion, et 45 aux 3/4 de portion.

Si maintenant nous opérons de même pour la viande, nous arrivons à une moyenne d'environ 20 décagrammes pour le même degré d'alimentation, c'est-à-dire pour la portion entière.

Ce sont les hôpitaux de la guerre et de la marine qui délivrent, à la portion entière, les quantités de viande les plus considérables, 28 décagrammes. Dijon, Lyon, Nantes, Toulouse, Valenciennes et Versailles, s'écartent peu de cette allocation, puisqu'ils accordent à leurs malades 25 décagrammes de viande cuite et désossée. L'allocation est de 24 décagr. 80 à Bordeaux, de 20 décagrammes à Angers, de 18 décagrammes à Paris, à Rouen et à Strasbourg; mais elle descend à Tours, à Orléans, à Rennes, à Besançon et à Amiens, jusqu'à 14 décagrammes seulement; enfin, elle atteint, à Lille, le chiffre minimum de 13 décagrammes. Nous avons vu déjà que, de tous les établissements dont nous possédons le régime, l'hôpital de Lille est celui qui délivre le moins de pain à ses malades. A l'Hôtel-Dieu de Marseille, les malades aux 3/4 de portion reçoivent 15 décagrammes de viande cuite et désossée.

A la première et à la seconde portion, la viande, dans les établissements dont nous venons de parler, est le plus généralement rôtie; aux deux autres, elle est bouillie ou accommodée avec des légumes frais ou secs. Elle peut être remplacée, au 1er et au 2e degré, par une égale quantité de volaille ou de poisson ; enfin, comme prescription supplémentaire, le médecin peut ajouter à la portion une ou deux côtelettes de mouton grillées.

Les quantités de vin délivrées à la portion entière varient entre 10 et 50 centilitres, chiffre maximum que présentent les seuls hôpitaux de Strasbourg, Nantes et Dijon. A Lille et à Rennes, le vin n'est donné qu'exceptionnellement et à titre de médicament; la boisson ordinaire des malades est alors la bière ou le cidre. Il en est de même à Rouen, mais seulement pour les malades à la portion entière; tous ceux qui sont à un degré inférieur d'alimentation reçoivent du vin.

Les autres allocations du régime consistent en soupes, lait, légumes frais et secs.

Du reste, le tableau A, joint au présent travail, détermine les quantités, d'ailleurs très-variables, de viande et d'autres substances allouées à chaque degré d'alimentation, dans les différents hôpitaux de la France dont nous avons étudié le régime. On y voit que partout les médecins et chirurgiens ont le droit d'ordonner, soit à titre de médicament, soit comme prescription supplémentaire, de la viande rôtie ou grillée, de la volaille, du poisson, du lait, des œufs et du vin.

Un second tableau (tableau B), que nous avons dressé dans le même but, permet de se faire une idée de ce qu'est, en réalité, le régime alimentaire des principaux établissements hospitaliers de Londres et de quelques autres hôpitaux de l'étranger. Les chiffres qui figurent dans la première partie du tableau ont été empruntés au rapport que M. Blondel, inspecteur principal, et M. Ser, ingénieur de l'Administration hospitalière de Paris, viennent de publier sur les hôpitaux anglais. Mais, avant d'examiner en détail chacune des allocations, nous devons faire ressortir une différence essentielle. En France, avons-nous dit, tous les établissements divisent leur régime en quatre classes, et ce mode d'organisation est devenu, pour ainsi dire, de règle chez nous. Il n'en est pas de même en Angleterre : chaque hôpital a un régime à part, divisé en un nombre de classes tout à fait variable. C'est ainsi que *Charing-Cross* n'a que des malades à quatre portions, que *Royal-Free* et *St-Bartholomew's* ne comptent que trois degrés dans leur régime, et que d'autres établissements (*Middlesex, University-College*) ont jusqu'à quatre classes de diète.

Nous avons établi qu'en France, dans les hôpitaux des principales villes, la quantité moyenne de pain délivrée chaque jour aux malades à la portion entière est de 51 décag. 60. Si nous nous livrons au même calcul pour les hôpitaux de Londres, nous constaterons que cette

moyenne n'est, chez nos voisins, que de 36 décag. 06 (1). En effet, lorsqu'en France certains établissements attribuent à ce degré d'alimentation 75 décagrammes de pain, l'hôpital anglais où l'allocation de pain est la plus forte (*University-College*), n'en délivre que 45 décag. 50. Sur les onze hôpitaux que nous avons compris dans notre tableau, huit n'attribuent à leurs malades que 34 décagrammes de pain; deux portent cette quantité jusqu'à 39 décag. 60; un seulement, ainsi que nous venons de le dire, l'élève à 45 décag. 50, quantité encore inférieure à celle qui est prévue dans le régime parisien.

On ne remarquera pas sans étonnement que, parmi les hôpitaux anglais dont nous avons relevé le régime alimentaire, quatre (*St-Georges*, *Middlesex*, *St-Mary* et *University-College*) accordent la même quantité de pain aux différentes classes de leur régime. Le malade au 1/4 de portion reçoit autant de pain que le malade à la portion entière. C'est ce qui nous autorise à penser que les quantités portées au tarif ne sont pas effectivement délivrées, et qu'elles représentent plutôt le maximum de l'allocation que l'allocation affectée nominativement à chaque degré.

La quantité moyenne de viande délivrée dans les hôpitaux anglais est, à très-peu de chose près, semblable à celle que nous avons trouvée pour l'ensemble de nos établissements, bien que l'Angleterre soit, pour le bétail, un pays de grande production, et qu'on y fasse entrer moins de substances que chez nous dans la composition du régime alimentaire; elle s'élève à 18 décag. 25 de viande cuite, ce qui représente une moyenne de 36 décag. 50 de viande crue et non désossée. A *St-Mary*, le poids de la viande délivré est de 11 décag. 20: il est moindre, par conséquent, que dans le plus parcimonieux des hôpitaux français, où la quantité la moins considérable est de 13 décagrammes. A *Charing-Cross*, les malades reçoivent 15 décag. 20. Six hôpitaux fixent les allocations de viande à 16 décag. 80; deux les portent, l'un à 22 décag. 70, l'autre à 22 décag. 80; un seul enfin, exceptionnellement (*Royal-Free*), délivre 28 décagrammes, ce qui est aussi le maximum dans nos établissements de France.

Nous avons dit que chez nous la viande est ou rôtie ou bouillie; il n'en est pas de même en Angleterre. La viande y est, le plus ordinairement, cuite à l'étouffée ou braisée. Mais, en général, la ration s'y compose de viande de mouton, bouillie un jour, et braisée ou rôtie le lendemain, alternativement; la viande de bœuf n'est accordée aux malades que sur la prescription particulière du médecin. Les autres allocations du régime anglais se composent de pommes de terre, dont la quantité est le plus généralement de 22 décag. 70, de bouillon (*tea*) de bœuf ou de mouton, de soupes préparées avec du lait et de l'arrow-root ou du riz, d'eau de gruau, de lait, dont la quantité varie de 14 centil. 20 (*University-College*) à 1 litre 54 (*London-Hospital*), de thé, délivré soit en infusion, soit en feuilles, et parfois de beurre. La préparation du bouillon ou soupe de mouton est fort extraordinaire, et nous ne savons pas de quel œil nos malades verraient un semblable aliment (2). Ce bouillon remplace nos soupes au pain ou nos potages aux pâtes féculentes.

---

(1) Le pain anglais est lourd, mal cuit et humide. A poids égal, il représente une quantité de substance alimentaire inférieure à celle du pain français. L'usage très-répandu de la pomme de terre cuite à l'eau, qui accompagne presque toujours la viande, paraît être la cause principale de la faible consommation de pain chez nos voisins.

(2) La préparation de la soupe de mouton est un aliment *sui generis*, auquel on chercherait vainement un analogue en France. Pour 0 lit. 85 d'eau, on met dans une marmite 224 gr. de cou de mouton (os et graisse compris); on y ajoute du poivre, d'autres condiments du même genre, souvent même de la graisse provenant des autres parties de l'animal, jamais de légumes. La cuisson a lieu jusqu'à ce que les 0,85 d'eau soient réduits à 0,57. C'est alors une sorte de purée épaisse et graisseuse, au milieu de laquelle surnagent les os, les morceaux de viande, et que l'on sert telle quelle, sans en rien distraire.

Les prescriptions extraordinaires, si fréquentes chez nous, sont fort rares en Angleterre : elles se composent, en général, de côtelettes, de biftecks, de vin et de spiritueux. Mais nous savons que, dans plusieurs hôpitaux, les malades sont obligés de se procurer à leurs frais une partie de leur nourriture.

Le tableau B nous présente ensuite le régime alimentaire des hôpitaux de neuf des principales villes de l'Allemagne (1).

On remarque, au premier coup d'œil, que le pain et la viande peuvent seuls être comparés, sous le rapport des quantités attribuées aux malades, avec les prescriptions que comporte notre régime ou celui des hôpitaux anglais.

Pour toutes les autres allocations, le régime allemand s'écarte, par la nature des substances employées, par leur mode de préparation et par les quantités délivrées, des deux régimes que nous avons examinés jusqu'ici.

La quantité moyenne de pain, qui est, en France, de 51 décag. 60, en Angleterre de 36 décag. 06, est, en Allemagne, de 40 décagrammes environ. A Bade, les malades de l'hôpital militaire et les pensionnaires de l'hospice en reçoivent, à la portion entière, 56 décagrammes. A la Charité de Berlin, le poids du pain, qui est ordinairement de 50 décagrammes, peut s'élever exceptionnellement jusqu'à 75 décagrammes, chiffre qui, en France, représente le maximum des allocations et qui n'est jamais atteint en Angleterre. Par contre, l'hôpital civil de Munich et l'hôpital général de Prague n'accordent à leurs malades que 21 décagrammes de pain ; c'est la portion la plus faible que nous ayons encore rencontrée. Nous verrons d'ailleurs qu'elle est compensée, dans cet établissement, par des allocations relativement considérables de viande, de soupes et de légumes.

Les hôpitaux allemands délivrent, en moyenne, 26 décagrammes de viande à leurs malades. C'est là une quantité considérable, bien supérieure à celle que nous avions précédemment constatée pour les hôpitaux anglais (18 décag. 25) et pour nos propres établissements (20 décagrammes). Du reste, rien n'est plus variable que les allocations de viande dans les différentes villes dont nous connaissons le régime : tandis que l'hôpital militaire de Bade, que nous avons vu déjà attribuer à ses malades un poids considérable de pain, leur délivre 56 décagrammes, c'est-à-dire plus d'une livre de viande, que l'hôpital de Bamberg en accorde 50 décagrammes (2), nous voyons ce poids descendre, pour l'hôpital de Hambourg, jusqu'à 12 décagrammes seulement. En général, et en ne tenant pas compte de ces quantités exagérées, on peut dire que l'allocation de viande attribuée, dans les hôpitaux d'Allemagne, aux malades à la portion entière, oscille entre 15 et 25 décagrammes.

---

(1) Il résulte d'un renseignement qui nous a été tout récemment fourni par un médecin de l'hôpital de Wieden, à Vienne, que, depuis 1862, le régime alimentaire de cet établissement a subi de très-importantes modifications : au lieu d'être, comme partout ailleurs, préparés dans l'hôpital, les aliments destinés aux malades sont livrés par un traiteur de la ville, qui en a affermé toute la fourniture. L'administration de l'hôpital trouverait, nous assure-t-on, dans cette organisation spéciale, une économie notable.

(2) Bien que rien, dans les documents que nous avons consultés, ne nous fournisse de données certaines à cet égard, nous sommes autorisés à penser que le poids de la viande indiqué pour ces deux hôpitaux, est le poids brut, c'est-à-dire le poids avant cuisson et préparation. Or, comme on admet, en général, que la viande désossée et cuite perd la moitié de son poids, en appliquant ce principe aux quantités déterminées pour les hôpitaux de Bade et de Bamberg, on trouverait, pour le premier 28 décagrammes, et pour le second 26 décagrammes de viande. Ces proportions ne s'écarteraient pas des quantités ordinaires, et elles seraient considérables encore, puisqu'elles égaleraient les allocations les plus fortes qui soient délivrées en France, et qu'elles surpasseraient de plus d'un tiers celles qui sont le plus généralement attribuées aux malades anglais.

L'usage de la viande rôtie ou grillée, si généralement répandu en France et en Angleterre, est peu suivi en Allemagne. La viande y est presque toujours cuite à l'étouffée et accommodée ensuite avec du riz, du lait, des légumes, des fruits cuits, ou avec certaines pâtes que les régimes allemands désignent sous le nom de *farinages* ou *mets de farine*. Nous donnons ici la formule de deux de ces préparations, telles qu'elles sont usitées à l'hôpital de la Charité de Berlin :

POUR UNE PORTION.	
Veau	16 décag. 66
Lait	6 centil. 26
Riz	31 gram. 50
Sucre	3 — 93
Beurre	3 — 93

POUR UNE PORTION.	
Veau	16 décag. 66
Pruneaux	78 gram. 75
Sucre	3 — 93
Beurre	3 — 93

Les soupes jouent un grand rôle dans l'alimentation des malades allemands. On peut dire que, en général, elles sont ainsi réparties, savoir : au 1/4 de portion, trois soupes maigres; à la 1/2 portion, 2 soupes maigres et une grasse; aux 3/4 de portion et à la portion entière, 1 soupe maigre et 2 soupes grasses ; le tout sans préjudice des allocations de bouillon qui sont délivrées à toutes les classes du régime.

Nous avons cité, comme préparation tout à fait spéciale à l'Angleterre, le bouillon de mouton; nous ne pouvons passer sous silence les soupes à la bière et les soupes au vin, très-répandues en Allemagne.

En voici la formule, telle que nous la donne encore le régime de la Charité de Berlin :

SOUPE A LA BIÈRE (pour une portion).	
Bière blanche	28 centil. 63
Sagou ou petit pain	31 gram. 50
Sucre	7 — 87
Œuf	1 pour 2 soupes

SOUPE AU VIN (pour une portion).	
Eau	6 centil. 26
Vin	12 — 50
Sagou	15 gram. 75
Sucre	31 — 50

Les autres allocations du régime allemand sont : le café au lait, que l'hôpital de Bon-Secours, à Aix-la-Chapelle, l'hôpital de la Charité, à Berlin, et l'hôpital Saint-Roch, à Francfort, accordent à toutes les classes du régime; les légumes, attribués surtout aux malades mis aux 3/4 de portion et à la portion entière; des œufs; et des préparations très-variées de pâtes et de fruits.

La boisson ordinaire est une bière blanche légère. Le vin n'est donné que comme médicament.

Du reste, en Allemagne comme en France, les médecins jouissent du privilége d'accorder, à titre d'allocations exceptionnelles, des quantités variables de viande, de volaille, de vin et de mets légers et délicats.

En Belgique, dans les hôpitaux de Bruxelles, il est alloué 60 décagrammes de pain; mais le pain de soupe se trouve compris dans cette quantité. L'allocation de viande cuite est de 20 décagrammes. La boisson ordinaire est la bière blanche, dite bière de ménage.

Nous ne connaissons pour l'Espagne que le régime de l'hôpital de la Princesse, à Madrid. Le pain y est porté pour 50 décagrammes, la viande pour 25 décagrammes; mais il est probable que si nous avions à comparer les régimes de plusieurs hôpitaux espagnols, ces quantités seraient moins considérables.

Comme préparation extraordinaire et spéciale à l'Espagne, nous citerons la soupe à l'ail, que les malades reçoivent à l'hôpital, et le chocolat, qui leur est servi tous les jours à 5 heures et tient lieu de goûter.

Les allocations du régime de l'hôpital de la Commune, à Copenhague, ne présentent rien de particulier, si ce n'est une tisane d'avoine, dont les malades reçoivent, chaque jour, un demi-litre. La quantité de pain allouée à la portion entière est de 27 décagr. 50 ; celle de la viande est de 30 décagrammes. Là encore nous devons penser que la viande est crue et non désossée, et que son poids réel, après préparation, doit être ramené à environ 15 décagrammes.

Le régime alimentaire de l'hôpital Sainte-Marie, à Moscou, comprend trois degrés d'alimentation : la portion faible, la portion moyenne et la portion complète. Les médecins ont la faculté d'ajouter aux prescriptions du régime des allocations supplémentaires, de substituer le régime gras au régime maigre, ou d'ordonner aux malades une alimentation toute spéciale, dite régime extraordinaire.

Le pain est fait avec de la farine de seigle ; la quantité qui en est allouée aux malades est considérable, puisqu'elle atteint le poids de 81 décagr. 90, c'est-à-dire près de deux livres.

C'est, en Europe, la quantité la plus forte qui soit délivrée.

La bière est très-légère et un peu aigre ; elle est généralement connue sous le nom de *Kwass*. Les viandes se composent exclusivement de bœuf ou de veau ; les malades en reçoivent 40 décagr. 95. Les légumes sont tantôt des choux et tantôt des pommes de terre ; la portion est de 30 centilitres.

Dans le régime maigre, on remplace la viande par du poisson, le lait par du miel, et le beurre par une huile spéciale faite avec de la graine de soleil. On conçoit l'importance de ces substitutions pour un pays où l'année comprend quatre grands carêmes et un total d'environ deux cents jours maigres.

Le régime extraordinaire se compose de soupes variées à la semoule, au poisson, au sagou, au riz ; de bouillon de veau et de bouillon de poulet ; de bouillie de farine de pommes de terre, de compotes de pommes et de pruneaux.

Il ne sera pas sans intérêt de reproduire ici la formule des soupes au sagou et au poisson.

SOUPE AU SAGOU (pour une portion).		SOUPE AU POISSON (pour une portion).	
Sagou	68 gr. 25	Goujons	6 (en nombre.)
Sucre	21 — 33	Racines	102 gr. 40
Cannelle	4 — 26	Sel	2 — 13
Vin blanc	1/2 bouteille.	Pain blanc	1/2 petit pain.

Les scorbutiques, nombreux en Russie, ont un régime spécial dont les allocations sont les suivantes :

Pain	61 décagr. 43	Choux	30 centil.
Bière	1 lit. 230	Oignons	42 gr. 66
Viande rôtie	20 décagr. 47	Concombres	2 (en nombre.

Résumons, en terminant, les faits constatés dans cette étude rapide.

Tout d'abord, on peut dire que le régime alimentaire adopté pour les hôpitaux de Paris et pour ceux des villes principales de France, comme pour les hôpitaux de l'étranger, comporte à la fois, dans les substances et dans les quantités allouées, de notables différences.

En France, les quantités de pain accordées aux malades du dernier degré, soit dans les hôpitaux de Paris, soit dans ceux des départements, soit enfin dans les hôpitaux de la guerre et de la marine, varient de 310 à 750 grammes; mais nous avons montré que ces quantités, même celle de 480 grammes applicable aux hôpitaux de Paris, n'étaient pas toujours consommées; il semble que là où le régime est suffisamment varié et abondant en autres substances, il suffirait de ne point dépasser un minimum de 400 grammes.

En Angleterre, la quantité de pain servie aux malades est généralement inférieure, et cela, ainsi que nous l'avons fait remarquer, à raison de l'usage général des pommes de terre cuites à l'eau, et aussi parce que quelquefois le régime dispense une forte quantité d'aliments azotés.

En Allemagne, les tarifs alimentaires allouent de 210 grammes de pain à 560 grammes.

A Madrid, l'allocation est de 500 grammes.

A Copenhague, elle est de 275 grammes.

Enfin, elle atteint, à Moscou, le chiffre excessif de 819 grammes.

Pour la viande, les hôpitaux de Paris servent à leurs malades du dernier degré 180 grammes de cette substance cuite et désossée.

Dans les hôpitaux de la guerre et de la marine, en France, cette allocation s'élève à 280 grammes.

Les hôpitaux de nos départements donnent à leurs malades des quantités de viande assez variables : elles sont de 130 grammes au minimum, et de 250 grammes au maximum.

A Londres, il est accordé aux malades, de 112 grammes (*St-Mary*), à 280 grammes (*Royal-Free*).

En Allemagne, les allocations de viande sont également très-variables; elles oscillent entre 120 grammes (Hambourg) et 560 grammes (hôpital militaire de Bade). Mais nous avons fait, à l'égard de ce chiffre, certaines réserves que nous rappelons ici.

En Espagne, à Madrid, il est alloué aux malades une ration de 250 grammes de viande, à l'hôpital de la Princesse.

A Copenhague, l'hôpital de la Commune délivre 300 grammes de viande à ses malades à la portion entière.

L'hôpital Sainte-Marie, à Moscou, porte cette quantité à 409 grammes.

Nous ne nous sommes étendus que sur les parties principales du régime, le pain et la viande; mais on trouvera, dans les tableaux annexés, tout le détail de l'alimentation fixée pour les malades dans les divers hôpitaux dont nous avons parlé.

En général et pour les hôpitaux de notre pays, il est vrai de dire que, dans toutes les améliorations qui ont été apportées récemment au régime alimentaire, on s'est beaucoup moins préoccupé jusqu'ici de la quantité des allocations, qui a paru suffisante, que de la variété à introduire dans les aliments qui composent la ration de chaque malade.

A. HUSSON.

Paris, imp. PAUL DUPONT, rue de Grenelle-Saint-Honoré, 45.

spécial pour les enfants.

Tableau A.

RÉGIME ALIMENTAIRE DES PRINCIPAUX HÔPITAUX CIVILS ET MILITAIRES DE LA FRANCE

RÉGIME DES ADULTES

ÉTABLISSEMENTS	PAIN	VIN	VIANDE	ŒUFS	LÉGUMES FRAIS	LÉGUMES SECS	LAIT
[illegible]	[illegible]	[illegible]	[illegible]	[illegible]	[illegible]	[illegible]	[illegible]

RÉGIME DES ENFANTS

ÉTABLISSEMENTS	PAIN	VIN	VIANDE	ŒUFS	LÉGUMES FRAIS	LÉGUMES SECS	LAIT
[illegible]	[illegible]	[illegible]	[illegible]	[illegible]	[illegible]	[illegible]	[illegible]

SOLDATS ET MARINS VALIDES

ÉTABLISSEMENTS	PAIN	VIN	VIANDE	ŒUFS	LÉGUMES FRAIS	LÉGUMES SECS	LAIT
[illegible]	[illegible]	[illegible]	[illegible]	[illegible]	[illegible]	[illegible]	[illegible]

[illegible]

TABLEAU A.

RÉGIME ALIMENTAIRE DES PRINCIPAUX HOPITAUX CIVILS ET MILITAIRES DE LA FRANCE

RÉGIME DES ADULTES

	PAIN	VIN	VIANDE	ŒUFS	LÉGUMES FRAIS	LÉGUMES SECS	LAIT

RÉGIME DES ENFANTS

SOLDATS ET MARINS VALIDES

NOMS DES HOPITAUX.	PAIN. 1 PORT. Hommes et Femmes.	PAIN. 2 PORTIONS. Hommes.	PAIN. 2 PORTIONS. Femmes.	PAIN. 3 PORTIONS. Hommes.	PAIN. 3 PORTIONS. Femmes.	PAIN. 4 PORTIONS. Hommes.	PAIN. 4 PORTIONS. Femmes.	BIÈRE. 1 PORT. Hommes et Femmes.	BIÈRE. 2 PORT. Hommes et Femmes.	BIÈRE. 3 PORT. Hommes et Femmes.	BIÈRE. 4 PORTIONS. Hommes.	BIÈRE. 4 PORTIONS. Femmes.	VIANDE. 1 PORT. Hommes et Femmes.	VIANDE. 2 PORT. Hommes et Femmes.	VIANDE. 3 PORT. Hommes et Femmes.	VIANDE. 4 PORT. Hommes et Femmes.	POISSON. 1 PORT. Hommes et Femmes.	POISSON. 2 PORT. Hommes et Femmes.	POISSON. 3 PORT. Hommes et Femmes.	POISSON. 4 PORT. Hommes et Femmes.	POMMES DE TERRE. 1 PORT. Hommes et Femmes.	POMMES DE TERRE. 2 PORT. Hommes et Femmes.	POMMES DE TERRE. 3 PORT. Hommes et Femmes.	POMMES DE TERRE. 4 PORT. Hommes et Femmes.	SOUPES (2). 1 PORT. Hommes et Femmes.	SOUPES (2). 2 PORT. Hommes et Femmes.	SOUPES (2). 3 PORT. Hommes et Femmes.	SOUPES (2). 4 PORT. Hommes et Femmes.	BOUILLON DE MOUTON. 1 PORT. Hommes et Femmes.	BOUILLON DE MOUTON. 2 PORT. Hommes et Femmes.	BOUILLON DE MOUTON. 3 PORT. Hommes et Femmes.	BOUILLON DE MOUTON. 4 PORT. Hommes et Femmes.	PUDDING. 1 PORT. Hommes et Femmes.	PUDDING. 2 PORT. Hommes et Femmes.	PUDDING. 3 PORT. Hommes et Femmes.	PUDDING. 4 PORT. Hommes et Femmes.
	Décag.	Décag.	Décag.	Décag.	Décag.	Décag.	Décag.	Centil.	Centil.	Centil.	Centil.	Centil.	Décag.	Décag.	Décag.	Décag.	Décag.	Décag.	Décag.	Décag.	Décag.	Décag.	Décag.	Décag.	Centil.	Centil.	Centil.	Centil.	Centil.	Centil.	Centil.	Centil.	Décag.	Décag.	Décag.	Décag.
[illegible] Saint-Barthélemy	1	31	31	41	31	53,60	30,10	—	—	26,80	113,00	92,00		—	11,67	22,51	—	—	—		—	16,80	26,84	27,80	—	113,10	—			85,93					—	
[illegible]	28	31	31	55	31	71,60	20,00		—	27,10	34,60	42,40	—		11,90	16,90	—	—	—			—	4	3'	—	56,60	22,50			—	26,11	28,30	—	—		[illegible]
[illegible]	17,50	31	28	35	44	30	24		—	28,10	35,60	28,10	—	—	8,50	11,30	—					—	22,80	23,80		21,10	—		11,60	—				22,00		
[illegible]	22,30	31	32	35	31	32	28		—	26,40	50,60	37,90	—		11,25	16,84						—	21,11	21,10	—		—		3'		26,84	26,84				
[illegible]	31	35	32	31	31	32	35	—		24,90	114,00	45,00	—		8,19	16,85	—	—	11,01		—		42,70	42,70	30,30			—		10,80			22,70	16,00	—	
[illegible]	31	31	32	31	31	31	31		—		—			—	7,12	16,70	—	—	—	22,10	—		22,10	42,70				—	—	26,80	26,84	26,84	7			
[illegible]	31	31	31	31	31	31	24	—				—	—	—	5,10	11,80	—		—	1	—	—	26,30	23,50		56,80	—	—	—	—				1,00	—	—
[illegible]	31	34	21	31	31	31	24			—						42,13		—	—			—	—	42,70	—	—	16,40	16,82	—	—					—	
[illegible]	15,50	15,50	15,50	15,50	15,50	15,50	15,50			25,40	30,90	28,50	—	—	8,50	20,90	—		—		—	—	22,70	22,70	—	21,00		—	113,00					22,50	—	
[illegible]	17	31	20,70	54	20,00	41	20,30			—	28,10	20,17	—	—	—	11,01		—		—	—			42,70	—		—	22,10	—			41,00				
[illegible]						51	31																													
[illegible]	—	11,50	11,90	22,30	22,40	55	31	—			—	—	—	—	—	29	—				—			22,70		—	26,80				—					

NOMS DES HOPITAUX.	PAIN. 1 PORTION.	PAIN. 2 PORTIONS.	PAIN. 3 PORTIONS.	PAIN. 4 PORTIONS.	FRUITS CUITS. 1 PORTION.	FRUITS CUITS. 2 PORTIONS.	FRUITS CUITS. 3 PORTIONS.	FRUITS CUITS. 4 PORTIONS.	VIANDE. 1 PORTION.	VIANDE. 2 PORTIONS.	VIANDE. 3 PORTIONS.	VIANDE. 4 PORTIONS.	POISSON. 1 PORTION.	POISSON. 2 PORTIONS.	POISSON. 3 PORTIONS.	POISSON. 4 PORTIONS.	SOUPES GRASSES. 1 PORTION.	SOUPES GRASSES. 2 PORTIONS.	SOUPES GRASSES. 3 PORT.
	Décag.	Décag.	Décag.	Décag.	Décag.	Décag.	Décag.	Décag.	Décag.	Décag.	Décag.	Décag.	Décag.	Décag.	Décag.	Décag.	Centil.	Centil.	Centil.
[illegible]		15,50	20	16,75	—	—	—	—	—		11,18	17,50	—			—	—	15,70	[illegible]
[illegible]			—	16	—	—	—	—	—	11	11	36	—	—	—				[illegible]
[illegible]	—		—	56	—	—	—	—	—			24, ou bouteilles avec beurre (?)	—		—	—	—		—
[illegible]	2,75	11,15	16,70	45,43		1	1	1	—	—	25	30	—	—	—	—	3 [illegible]	3 [illegible]	[illegible]
[illegible]	1 P. au [illegible]	5	15,31	Sauf exceptions [illegible] 15		—			—		10	14,00		—	—		17 [illegible]	14	
[illegible]	2 pet. pains	2 petits pains	55	50	—	—	12,50	12,50	—	—	12,50	15,11	—	—	—		—	67,25 Louchée	67
[illegible]	27,50	16,13	21,70	36,50	—	—	—	—	—	—	8 à 9	8 à 10	—	—	1/2 pièce	1 pièce		40,00	30
[illegible]	5,25	10,75	16,75	31	1'	1'	1'	1'	—	Viande accommodée avec du lait ou des fruits.	11,50	21	—	—	—		—	1 [illegible]	1 [illegible]
[illegible]	10,50	21	21	31	3,25	—			—	Riz au lait 3,25	14	24	—	—	—	—	2 [illegible]		1 [illegible]
[illegible]		15,70	21	[illegible]	—	11	—	17 cerises (?)	—	10,50 (?)	21	24,75, accompagnées des légumes ou du riz au lait.	—	—	—	—	—	4 soupes de 15 [illegible]	[illegible]
[illegible]	1 pain.	2 pains.	2 pains.	2 pains.	0,25 centilitres.	1 fois par semaine (1).	1 fois par semaine (1).	—	—	3 fois par semaine (1).	4 fois par semaine (1).	Tous les jours avec des légumes ou du laitage (1).	—	—	—	—	45	45	3
[illegible]	—	—		—	0,25	—	—	—	—	10, accommodée avec des fruits ou du laitage.	10 et le soir un beefsteak ou un rosbif.	12 et le soir un beefsteak ou un rosbif.	—	—			35	35	45

	PAIN. 1 PORTION.	PAIN. 2 PORTIONS.	PAIN. 3 PORTIONS.	PAIN. 4 PORTIONS.	BIÈRE. 1 PORTION.	BIÈRE. 2 PORTIONS.	BIÈRE. 3 PORTIONS.	BIÈRE. 4 PORTIONS.	VIANDE. 1 PORTION.	VIANDE. 2 PORTIONS.	VIANDE. 3 PORTIONS.	VIANDE. 4 PORTIONS.	SOUPES. 1 PORTION.	SOUPES. 2 PORTIONS.	SOUPES. 3 PORTIONS.	SOUPES. 4 PORTIONS.	1 PORTION.
[illegible] Pierre et Saint-[illegible], Bruxelles	Décag. 15	Décag. 23	Décag. 35	Décag. 40	Centil. 15	Centil. 30	Centil. 45	Centil. 60	Décag. 5	Décag. 10	Décag. 15	Décag. 21	Centil. [illegible]	Centil. [illegible]	Centil. 60	Centil. [illegible]	Centil. [illegible]

	PAIN. 1 PORTION.	PAIN. 2 PORTIONS.	PAIN. 3 PORTIONS.	PAIN. 4 PORTIONS.	VIANDE. 1 PORTION.	VIANDE. 2 PORTIONS.	VIANDE. 3 PORTIONS.	VIANDE. 4 PORTIONS.	LARD. 1 PORTION.	LARD. 2 PORTIONS.	LARD. 3 PORTIONS.	LARD. 4 PORTIONS.	POIS (?). 1 PORTION.	POIS (?). 2 PORTIONS.
Hôpital de la Princesa, à Madrid	Décag. 14,50	Décag. 22	Décag. 31,51	Décag. 54	Décag. 6,17	Décag. 12,50	Décag. 18,75	Décag. 25	Décag. —	Décag. 2,14	Décag. 1,60	Décag. —	Décag. —	Décag. 4,10

	PAIN. 1 PORTION.	PAIN. 2 PORTIONS.	PAIN. 3 PORTIONS.	PAIN. 4 PORTIONS.	TISANE D'AVOINE. 1 PORTION.	TISANE D'AVOINE. 2 PORTIONS.	TISANE D'AVOINE. 3 PORTIONS.	TISANE D'AVOINE. 4 PORTIONS.	VIANDE. 1 PORTION.	VIANDE. 2 PORTIONS.	VIANDE. 3 PORTIONS.	VIANDE. 4 PORTIONS.	POISSON. 1 PORTION.	POISSON. 2 PORTIONS.	POISSON. 3 PORTIONS.	POISSON. 4 PORTIONS.	1 PORTION.
Hôpital de la Commune, à Copenhague	Décag. 6 de [illegible]	Décag. 10	Décag. 27,30	Décag. 37,50	Centil. —	Centil. 50	Centil. 50	Centil. 50	Décag. •	Décag. —	Décag. 20	Décag. 30	Décag. —	Décag. 37,50	Décag. 37,50	Décag. 47,50	Centil. 40 [illegible]

	—	PAIN. PORTION FAIBLE.	PAIN. PORTION MOYENNE.	PAIN. PORTION ENTIÈRE.	—	BIÈRE. PORTION FAIBLE.	BIÈRE. PORTION MOYENNE.	BIÈRE. PORTION ENTIÈRE.	—	VIANDE. PORTION FAIBLE.	VIANDE. PORTION MOYENNE.	VIANDE. PORTION ENTIÈRE.	—	POISSON (1). PORTION FAIBLE.	POISSON (1). PORTION MOYENNE.	POISSON (1). PORTION ENTIÈRE.	—	LÉGUMES. PORTION FAIBLE.	LÉGUMES. PORTION MOYENNE.	LÉGUMES. PORTION ENTIÈRE.	—	GRUAU POUR [illegible]. PORTION FAIBLE.
Hôpital Sainte-Marie, à Mo[illegible]	—	Décag. 40,76	Décag. 47,41	Décag. 51,93	—	Centil. 121	Centil. 140	Centil. 163	—	Décag. —	Décag. 24,17	Décag. 40,05	—	Décag. —	Décag. 31,48	Décag. 34,19	—	Centil. —	Centil. 30	Centil. 30	—	Décag. 9,52

NOMS DES HOPITAUX.	PAIN.							BIÈRE.					VIANDE.				POISSON.				POMMES DE TERRE.				SOUPES (2).				BOUILLON DE MOUTON.				PUDDING.			
	1 PORT.	2 PORTIONS.		3 PORTIONS.		4 PORTIONS.		1 PORT.	2 PORT.	3 PORT.	4 PORTIONS.		1 PORT.	2 PORT.	3 PORT.	4 PORT.	1 PORT.	2 PORT.	3 PORT.	4 PORT.	1 PORT.	2 PORT.	3 PORT.	4 PORT.	1 PORT.	2 PORT.	3 PORT.	4 PORT.	1 PORT.	2 PORT.	3 PORT.	4 PORT.	1 PORT.	2 PORT.	3 PORT.	4 PORT.
	Hommes et Femmes.	Hommes.	Femmes.	Hommes.	Femmes.	Hommes.	Femmes.	Hommes et Femmes.	Hommes et Femmes.	Hommes et Femmes.	Hommes.	Femmes.	Hommes et Femmes.	Hommes et Femmes.	Hommes et Femmes.	Hommes et Femmes.	Hommes et Femmes.	Hommes et Femmes.	Hommes et Femmes.	Hommes et Femmes.	Hommes et Femmes.	Hommes et Femmes.	Hommes et Femmes.	Hommes et Femmes.	Hommes et Femmes.	Hommes et Femmes.	Hommes et Femmes.	Hommes et Femmes.	Hommes et Femmes.	Hommes et Femmes.	Hommes et Femmes.	Hommes et Femmes.	Hommes et Femmes.	Hommes et Femmes.	Hommes et Femmes.	Hommes et Femmes.
	Décag.	Décag.	Décag.	Décag.	Décag.	Décag.	Décag.	Centil.	Centil.	Centil.	Centil.	Centil.	Décag.	Décag.	Décag.	Décag.	Décag.	Décag.	Décag.	Décag.	Décag.	Décag.	Décag.	Décag.	Centil.	Centil.	Centil.	Centil.	Centil.	Centil.	Centil.	Centil.	Décag.	Décag.	Décag.	Décag.
Hôpital Saint-Barthélemy	1	21 »	[illegible]	25 »	[illegible]	34.00	29.00	..	..	56.80	142.00	56.80	..	..	17.21	22.83	..	..	..	..	..	16.??	22.??	28.03	..	113.10	—	..	..	11.93	..	..	..	..	..	..
[illegible]	[illegible]	[illegible]	[illegible]	[illegible]	[illegible]	[illegible]	[illegible]	..	—	28.40	56.80	28.40	..	..	11.60	16.83	..	..	..	..	..	..	4	5	..	56.28	22.70	..	..	..	28.40	28.40	..	..	..	22.70
[illegible]	[illegible]	[illegible]	[illegible]	[illegible]	[illegible]	[illegible]	[illegible]	—	—	28.10	56.80	28.10	..	..	8.50	16.80	..	..	..	..	..	..	22.70	22.80	..	21.30	..	..	113.60	..	..	..	..	22.70	..	..
[illegible]	[illegible]	[illegible]	[illegible]	[illegible]	[illegible]	[illegible]	[illegible]	—	—	28.40	56.80	28.40	..	..	11.43	16.83	..	..	..	..	..	..	15.57	21.10	..	..	..	..	..	..	..	..	..	..	..	..
[illegible]	[illegible]	[illegible]	[illegible]	[illegible]	[illegible]	[illegible]	[illegible]	..	..	56.80	113.60	56.80	..	..	8.50	16.83	..	..	11.93	..	..	..	25.53	27.70	85.20	..	..	..	57	..	56.80	56.80	..	..	..	..
[illegible]	[illegible]	[illegible]	[illegible]	[illegible]	[illegible]	[illegible]	[illegible]	—	..	—	—	—	..	..	7.10	20.80	..	..	..	..	..	..	22.70	22.70	..	..	..	..	..	56.80	..	..	56.70	56.80	..	..
[illegible]	[illegible]	[illegible]	[illegible]	[illegible]	[illegible]	[illegible]	[illegible]	—	..	..	..	..	..	..	5.60	14.80	..	..	..	22.70	..	..	15.70	22.70	..	56.80	..	..	..	56.80	56.80	..	..	..	..	..
[illegible]	[illegible]	[illegible]	[illegible]	[illegible]	[illegible]	[illegible]	[illegible]	..	..	..	..	..	..	..	..	22.70	..	..	..	..	..	..	..	22.70	..	..	..	..	..	..	..	..	..	5.70	..	..
[illegible]	21	21	26.70	34 »	28.22	34 »	26.25	..	..	28.40	56.80	28.40	..	..	8.50	16.80	..	..	..	..	..	..	..	23.35	..	..	56.80	56.80	..	..	..	..	..	..	..	..
[illegible]	..	..	..	»	..	34 »	31 »	..	..	..	28.10	24.23	..	..	..	[illegible]	..	..	..	..	..	—	22.70	22.70	—	21.30	..	—	113.60	..	..	..	..	22.70	..	..
[illegible]	..	11.20	11.20	22.15	22.40	34 »	31 »	..	..	..	..	..	..	..	..	56 »	..	..	..	..	..	—	..	22.70	—	..	56.80	..	24.70	..	..	..	56.80	..	..	..

NOMS DES HOPITAUX.	PAIN.				FRUITS CUITS.				VIANDE.				POISSON.				SOUPES GRASSES.		
	1 PORTION.	2 PORTIONS.	3 PORTIONS.	4 PORTIONS.	1 PORTION.	2 PORTIONS.	3 PORTIONS.	4 PORTIONS.	1 PORTION.	2 PORTIONS.	3 PORTIONS.	4 PORTIONS.	1 PORTION.	2 PORTIONS.	3 PORTIONS.	4 PORTIONS.	1 PORTION.	2 PORTIONS.	3 PORTIONS.
	Décag.	Décag.	Décag.	Décag.	Décag.	Décag.	Décag.	Décag.	Décag.	Décag.	Décag.	Décag.	Décag.	Décag.	Décag.	Décag.	Centil.	Centil.	Centil.
[illegible]		17,50	31 »	26,50	—	—	..	—	—	..	11,58	17,50	..			..	—	12,91	25,18
[illegible]	—	.	.	16 »	—	.	—	.	.	13 »	11 »	20 »	.		.	.	..	.	1 [illegible]
[illegible]			.	20 »	—	..	.	—	..	..		26, ou boulettes avec [illegible]	.	.	—	..		—	.
[illegible]	9.45	14,15	18,50	25,27		,11	1	1	.	.	25 »	30 »	..	—	—		1 [illegible]	3 [illegible]	1 [illegible]
[illegible]	[illegible]	25	37,50	[illegible]	..						10 »	18,07		—	.		[illegible]	27 »	.
[illegible]	1 petit pain	2 pet. pains	52 »	60 »	.		12,64	14,20	.	..	12,65	15,75	—	.	.	.		[illegible]	45,90
[illegible]	19.45	19,15	31,70	36,30	—	—	.	.		..	6 à 9	9 à 12		—	1/2 pièce	1 pièce	..	[illegible]	27,50
[illegible]	5,27	16,7.	15,75	21 »	(1)	(1)	(1)	(1)	.	Vermicelle [illegible] avec du lait ou des fruits.	11,50	21	..		—	.	.	[illegible]	[illegible]
[illegible]	13,50	21	21 »	35 »	[illegible]	..	—	—	..	7 et riz au lait 5,25	14 »	21 »	.	..	—	—	2 bouillons	.	1 [illegible]
[illegible]		15,75	21 »	41 »	—	11 »	—	17 centilitres	..	10,50 (?)	41 »	25,75, accommodée avec des légumes ou du riz au lait	.	—	.	—		2 [illegible]	2 [illegible]
[illegible]	1 pain	1 pain	2 pains	2 pains	0,25 centilitres	1 fois par semaine (1)	1 fois par semaine (1)	—	—	3 fois par semaine (1)	5 fois par semaine (1)	Tous les jours avec des légumes ou du laitage (1)	..	..	.	..	45 »	45 »	30
[illegible]	..	.		—	0,25 —	..	..	..	—	10, accommodée avec des fruits ou du laitage.	10 et le soir un beefsteak ou un rosbif	14 et le soir un beefsteak ou un rosbif	..	..	—	—	35 »	35 »	.

	PAIN.				BIÈRE.				VIANDE.				SOUPES.				BOU[illegible]	
	1 PORTION.	2 PORTIONS.	3 PORTIONS.	4 PORTIONS.	1 PORTION.	2 PORTIONS.	3 PORTIONS.	4 PORTIONS.	1 PORTION.	2 PORTIONS.	3 PORTIONS.	4 PORTIONS.	1 PORTION.	2 PORTIONS.	3 PORTIONS.	4 PORTIONS.	1 PORTION.	2 PORTIONS.
Hôpitaux Saint-Pierre et Saint-Jean, Bruxelles	Décag. 15	Décag. 30	Décag. 45	Décag. 60	Centil. 15	Centil. 30	Centil. 45	Centil. 60	Décag. 5	Décag. 10	Décag. 15	Décag. 21	Centil. [illegible]	Centil. [illegible]	Centil. [illegible]	Centil. [illegible]	Centil. 25	[illegible]

	PAIN.				VIANDE.				LARD.				POIS CHICHES.		
	1 PORTION.	2 PORTIONS.	3 PORTIONS.	4 PORTIONS.	1 PORTION.	2 PORTIONS.	3 PORTIONS.	4 PORTIONS.	1 PORTION.	2 PORTIONS.	3 PORTIONS.	4 PORTIONS.	1 PORTION.	2 PORTIONS.	3 PORTIONS.
Hôpital de la Princesse, à Madrid	Décag. 12,50	Décag. 25 »	Décag. 37,50	Décag. 50 »	Décag. 6,25	Décag. 12,50	Décag. 18,75	Décag. 25 »	Décag. —	Décag. 3,12	Décag. 4,68	Décag. —	Décag. ..	Décag. 3,12	[illegible]

	PAIN.				TISANE D'AVOINE.				VIANDE.				POISSON.				SOUPE	
	1 PORTION.	2 PORTIONS.	3 PORTIONS.	4 PORTIONS.	1 PORTION.	2 PORTIONS.	3 PORTIONS.	4 PORTIONS.	1 PORTION.	2 PORTIONS.	3 PORTIONS.	4 PORTIONS.	1 PORTION.	2 PORTIONS.	3 PORTIONS.	4 PORTIONS.	1 PORTION.	2 PORTIONS.
Hôpital de la Commune, à Copenhague	Décag. 6 de biscuit	Décag. 10 »	Décag. 27,50	Décag. 27,50	Centil. —	Centil. 20 »	Centil. 30 »	Centil. 50 »	Décag. -	Décag. —	Décag. 30 »	Décag. 40 »	Décag. —	Décag. 37,50	Décag. 37,50	Décag. 37,50	Centil. 50 potage maigre	Centil. 50 potage maigre

		PAIN.				BIÈRE.				VIANDE.				POISSON (1).				LÉGUMES.				GRUAU POUR SOUPE.		
	—	PORTION FAIBLE.	PORTION MOYENNE.	PORTION ENTIÈRE.	—	PORTION FAIBLE.	PORTION MOYENNE.	PORTION ENTIÈRE.	—	PORTION FAIBLE.	PORTION MOYENNE.	PORTION ENTIÈRE.	—	PORTION FAIBLE.	PORTION MOYENNE.	PORTION ENTIÈRE.	—	PORTION FAIBLE.	PORTION MOYENNE.	PORTION ENTIÈRE.	—	PORTION FAIBLE.	PORTION MOYENNE.	PORTION ENTIÈRE.
Hôpital Sainte-Marie, à Moscou	-	Décag. 30,55	Décag. 61,41	Décag. 61,90	..	Centil. 141 »	Centil. 181 »	Centil. 145 »	—	Décag. —	Décag. 23,17	Décag. 40,35	—	Décag. —	Décag. 31,18	Décag. 31,12	—	Centil. —	Centil. 30 »	Centil. 50 »	—	Décag. 3,12	Décag. 3,42	Décag. 3,42

ANGLETERRE

SOUPES (2).			BOUILLON DE MOUTON.				PUDDING.				LAIT.							THÉ.							GRUAU.				BEURRE.				
2 PORT.	3 PORT.	4 PORT.	1 PORT.	2 PORT.	3 PORT.	4 PORT.	1 PORT.	2 PORT.	3 PORT.	4 PORT.	1 PORT.	2 PORTIONS.		3 PORTIONS.		4 PORTIONS.		1 PORT.	2 PORTIONS.		3 PORTIONS.		4 PORTIONS.		1 PORT.	2 PORT.	3 PORT.	4 PORT.	1 PORT.	2 PORT.	3 PORT.	4 PORT.	
Hommes et Femmes.	Hommes et Femmes.	Hommes et Femmes.	Hommes et Femmes.	Hommes et Femmes.	Hommes et Femmes.	Hommes et Femmes.	Hommes et Femmes.	Hommes et Femmes.	Hommes et Femmes.	Hommes et Femmes.	Hommes et Femmes.	Hommes.	Femmes.	Hommes.	Femmes.	Hommes.	Femmes.	Hommes et Femmes.	Hommes.	Femmes.	Hommes.	Femmes.	Hommes.	Femmes.	Hommes et Femmes.	Hommes et Femmes.	Hommes et Femmes.	Hommes et Femmes.	Hommes et Femmes.	Hommes et Femmes.	Hommes et Femmes.	Hommes et Femmes.	
Centil.	Centil.	Centil.	Centil.	Centil.	Centil.	Centil.	Décag.	Décag.	Décag.	Décag.	Centil.	Centil.	Centil.	Centil.	Centil.	Centil.	Centil.	Centil.	Centil.	Centil.	Centil.	Centil.	Centil.	Centil.	Centil.	Centil.	Centil.	Centil.	Décag.	Décag.	Décag.	Décag.	
[illegible]				88,23			—	—	—	—	—	56,80	—	56,80	—	56,80	—	—	—	113,61	—	113,60	—	113,60	—	(3)	—	—	—	2,10	2,10	2,80	(1) La quantité est déterminée par ordonnance du médecin.
[illegible]	22,50		—	—	28,10	28,40		—	—	28,70	—	113,60	111,60	—	—	—	—	(3)	—	—	—	—	—	—	—	—	—	—	2,10	5,80	2,80	4,80	(2) Ces soupes se composent de lait avec du riz ou de l'arrowroot.
[illegible]			113,60	—				22,80		—	85,20	42,60	42,60	28,40	28,10	28,10	28,40	—	—	—	—	—	—	—	—	—	56,80	56,80	—	—	—	—	(3) La quantité est indéterminée.
			(3)	(3)	56,80	56,80	—	—	—	—	—	113,60	157,60	—	—	—	—	—	—	—	—	—	—	—	(3)	(3)	(3)	(3)	—	—	—	—	(4) Cette quantité se décompose ainsi ...
		—		56,80	—		22,70	56,80	—	—	85,20	28,40	28,40	28,40	28,10	28,40	28,10	(3)	(3)	(3)	(3)	(3)	(3)	(3)	(3)	56,80	56,80	56,80	2,80	2,80	2,80	2,80	(5) On délivre aux malades, qui le font eux-mêmes infuser, ...
				56,80	56,80	56,80	[illegible]	—	—	—	56,80	28,10	28,40	28,10	28,40	28,10	28,10	—	—	—	—	—	—	—	56,80	56,80	56,80	56,80	—	—	—	—	(6) Cette quantité se décompose ainsi ...
[illegible]			(3)	—		—	—	4,20	—	—		—	—	—	—	—	—	197 (6)	197 (6)	197 (6)	197 (6)	197 (6)	197 (6)	197 (6)	(3)	(3)	(3)	(3)	2,10	2,10	2,10	2,10	
	56,80	56,80		—			—	—	—	—	113,60	11,20	11,20	11,20	11,20	11,20	11,20	—	—	—	—	—	—	—	—	113,60	56,80	56,80	—	—	—	—	
[illegible]			113,60	—			—	22,70	—	—	85,20	42,60	42,60	28,40	28,40	28,10	28,40	—	—	—	—	—	—	—	—	—	56,80	56,80	—	—	—	—	
	—	24,10		—		56,80	—	—			—	—	—	—	—	—	—	—	—	—	—	—	—	—	—	—	—	(3)	—		—	—	
	56,80						—		—	—	—	—	—	113,60 (4)	113,60 (4)	113,60 (4)	113,60 (4)	—	—	—	—	—	—	—	—	(3)	56,80	56,80	—	—	—	—	

ALLEMAGNE

POISSON.			SOUPES GRASSES.				SOUPES MAIGRES.				LAIT OU CAFÉ AU LAIT.				ŒUFS.				LÉGUMES.		
2 PORTIONS.	3 PORTIONS.	4 PORTIONS.	1 PORTION.	2 PORTIONS.	3 PORTIONS.	4 PORTIONS.	1 PORTION.	2 PORTIONS.	3 PORTIONS.	4 PORTIONS.	1 PORTION.	2 PORTIONS.	3 PORTIONS.	4 PORTIONS.	1 PORTION.	2 PORTIONS.	3 PORTIONS.	4 PORTIONS.	1 PORTION.	2 PORTIONS.	3 POR...
Décag.	Décag.	Décag.	Centil.	Centil.	Centil.	Centil.	Centil.	Centil.	Centil.	Centil.	Centil.	Centil.	Centil.	Centil.	Nombre.	Nombre.	Nombre.	Nombre.	Centil.	Centil.	Ce...
		—	—	12,90	28,60	28,60	57 »	12,90	12,90	57 »	28,60	57 »	28,60 et 14 de café.	28,60 et 15 de café.	—	—	—	—	—	—	
			—	—	1 soupe.	2 soupes.	—	3 soupes.	2 soupes.	1 soupe.	—	—	—	—	—	—	1	—	—	—	
	—	—	—	—	—	45 »	—	—	—	90 »	—	—	—	45 »	—	—	—	—	—	—	
	—		3 soupes.	3 soupes.	1 soupe.	1 soupe.	—	—	2 soupes.	2 soupes.	—	—	—	—	—	—	2 »	—	—	(1)	
			57 bouillon.	57 »	—	—	57 (au lieu de bouillon)	57 »	57 »	85 »	12,10 (2)	12,90	12,90	42,90	—	—	—	—	—	—	
			—	67,20 bouillon.	67,20	67,20	90 »	41,30	67,20	67,20	33,60	33,60	33,60	33,60		—	—	—		—	
—	1/2 pièce.	1 pièce.	—	57,20	57,20	57,20	75 »	115 »	115 »	115 »	—	—	—	—	—	—	—	—	—	—	
	—		—	1 soupe.	1 soupe.	1 soupe.	3 soupes.	2 soupes.	2 soupes.	2 soupes.	—	—	(1)	—	1 ou 2	1 ou 2	—	—	—	—	
—	—		2 bouillons.		1 soupe.	1 soupe.	—	3 soupes.	2 soupes.	2 soupes.	—	—	—	—	1 ou 2	—	—	—	—	(1)	
—	—		—	2 soupes de 35 chacune.	2 soupes.	1 soupe.	3 soupes de 47 chacune.	—	—	1 soupe.	—	17, avec du riz ou de la semoule.	—	21,20	—	—	—	—	—	17 »	
	—	—	35 »	35 »	35 »	35 »	70 »	70 »	70 »	70 »	—	3 fois par semaine (1).	4 fois par semaine (1).	—	—	—	—	—	35		
	—	—	35 »	35 »	35 »	35 »	70 »	70 »	70 »	70 »	35 »	—	—	—	—	—	—	—	35 »	35 »	35

BELGIQUE

SOUPES.				BOUILLON.				LÉGUMES.				OBSERVATIONS.
1 PORTION.	2 PORTIONS.	3 PORTIONS.	4 PORTIONS.	1 PORTION.	2 PORTIONS.	3 PORTIONS.	4 PORTIONS.	1 PORTION.	2 PORTIONS.	3 PORTIONS.	4 PORTIONS.	
Centil. —	Centil. 50	Centil. 70	Centil. 70	Centil. 25	Centil. 30	Centil. 15	Centil. 50	Centil. 15	Centil. 25	Centil. 35	Centil. 50	Les enfants de 2 à 10 ans reçoivent une nourriture particulière, déterminée chaque jour par le médecin. Passé 10 ans, ils sont considérés comme adultes et le... faibles et faiblesses ou diminution des jours. Dans les quantités de pain indiquées ci-contre, le pain des soupes est compris. — La viande est cuite et désossée. — La bière est de seconde qualité; elle ...

ESPAGNE

LARD.			POIS CHICHES.				OBSERVATIONS.
...TIONS.	3 PORTIONS.	4 PORTIONS.	1 PORTION.	2 PORTIONS.	3 PORTIONS.	4 PORTIONS.	
[illegible] 1,42	Décag. 1,80	Décag. —	Décag. —	Décag. 3,19	Décag. 4,64	Décag. 6,09	Les malades à une portion reçoivent 4 potages par jour. — Les malades à 2, 3 et 4 portions reçoivent le matin une soupe soit au lait, soit à l'ail, un bouillon de 4 heures en 4 heures et, comme goûter, ... compléments : potage, bouillon et chocolat ne sont pas considérés par le malade, mais accordés par le médecin, suivant le traitement.

DANEMARCK

POISSON.				SOUPES.				LAIT.				BEURRE.				OBSER...
1 PORTION.	2 PORTIONS.	3 PORTIONS.	4 PORTIONS.	1 PORTION.	2 PORTIONS.	3 PORTIONS.	4 PORTIONS.	1 PORTION.	2 PORTIONS.	3 PORTIONS.	4 PORTIONS.	1 PORTION.	2 PORTIONS.	3 PORTIONS.	4 PORTIONS.	
Décag. —	Décag. 37,50	Décag. 37,50	Décag. 37,50	Centil. 50 potage maigre	Centil. 50 potage maigre	Centil. 50 potage maigre	Centil. 50 potage gras	Centil. 25 »	Centil. 25 »	Centil. 50 »	Centil. 50 »	Décag. —	Décag. 1,42	Décag. 3 »	Décag. 3 »	

RUSSIE

	LÉGUMES.				GRUAU POUR SOUPE.				BOUILLIE DE SARRASIN.				LAIT.				MIEL (2).				BEURRE (3).				
PORTION ENTIÈRE.	..	PORTION FAIBLE.	PORTION MOYENNE.	PORTION ENTIÈRE.	..	PORTION FAIBLE.	PORTION MOYENNE.	PORTION ENTIÈRE.	—	PORTION FAIBLE.	PORTION MOYENNE.	PORTION ENTIÈRE.	—	PORTION FAIBLE.	PORTION MOYENNE.	PORTION ENTIÈRE.	—	PORTION FAIBLE.	PORTION MOYENNE.	PORTION ENTIÈRE.	—	PORTION FAIBLE.	PORTION MOYENNE.	PORTION ENTIÈRE.	
Décag. 31,12	—	Centil. —	Centil. 50 »	Centil. 50 »	—	Décag. 3,12	Décag. 3,42	Décag. 3,42	—	Décag. —	Décag. 17,06	Décag. 17,06	—	Centil. 125 »	Centil. —	Centil. —	—	Décag. 5,12	Décag. —	Décag. —	—	Décag. —	Décag. 11,06	Décag. 21,33	(1) Le poisson remplace la viande, dans le ... (2) Le miel remplace le lait, dans le régime ... (3) Le beurre est remplacé par l'huile de ...

ANGLETERRE

	LAIT.						THÉ.								GRUAU.				BEURRE.			
	2 PORTIONS.		3 PORTIONS.		4 PORTIONS.		1 PORT.	2 PORTIONS.		3 PORTIONS.		4 PORTIONS.			1 PORT.	2 PORT.	3 PORT.	4 PORT.	1 PORT.	2 PORT.	3 PORT.	4 PORT.
	Hommes.	Femmes.	Hommes.	Femmes.	Hommes.	Femmes.	Hommes et Femmes.	Hommes.	Femmes.	Hommes.	Femmes.	Hommes.	Femmes.		Hommes et Femmes.	Hommes et Femmes.	Hommes et Femmes.	Hommes et Femmes.	Hommes et Femmes.	Hommes et Femmes.	Hommes et Femmes.	Hommes et Femmes.
[illegible]	Centil.	Centil.	Centil.	Centil.	Centil.	Centil.	Centil.	Centil.	Centil.	Centil.	Centil.	Centil.	Centil.		Centil.	Centil.	Centil.	Centil.	Décag.	Décag.	Décag.	Décag.
[illegible]	[illegible]	–	56,80	–	56,80	–	–	–	113,60	–	113,60	–	113,60			3	–	–	–	2,10	2,10	2,80
[illegible]	113,60	113,60		–		–	(3)	–	–	–	–	–	–		–	–	–	–	2,10	2,80	2,80	2,80
[illegible]	28,40	28,40	28,40	28,40	28,40	28,40	–	–	–	–	–	–	–		–	–	56,80	56,80	–	–	–	–
[illegible]	[illegible]	[illegible]		–		–	–	–	–	–	–	–	–		(3)	(3)	(3)	(3)	–	–	–	–
[illegible]	28,40	28,40	28,40	28,40	28,40	28,40	(3)	(3)	(3)	(3)	(3)	(3)	(3)		(3)	56,80	56,80	56,80	2,80	2,80	2,80	2,80
[illegible]	28,40	28,40	28,40	28,40	28,40	28,40	–	–	–	–	–	–	–		56,80	56,80	56,80	56,80	–	–	–	–
				–			197 (5)	197 (5)	197 (5)	197 (5)	197 (5)	197 (5)	197 (5)		(3)	(3)	(5)	(3)	2,10	2,10	2,10	2,10
[illegible]	11,20	11,20	11,20	11,20	11,20	11,20	–	–		–	–	–	–		–	113,60	56,80	56,80	–	–	–	–
[illegible]	42,60	42,60	28,40	28,40	28,40	28,40		–	–	–	–	–	–		–	–	56,80	56,80	–	–	–	–
				–		–	–		–	–	–	–	–		–	–	–	(3)	–	–	–	–
			113,60 (4)	113,60 (4)	113,60 (7)	113,60 (7)	–	–	–	–	–		–		–	(3)	56,80	56,80	–	–	–	–

OBSERVATIONS.

(1) La quantité est déterminée par ordonnance du médecin.

(2) Ces soupes se composent de lait avec du riz ou de l'arrow-root.

(3) La quantité est indéterminée.

(4) Cette quantité se décompose ainsi... { Lait... 28 centil. 40 / Café... 8 — 43

(5) On délivre aux malades, qui le font eux-mêmes infuser, 8 grammes de thé et 28 grammes de sucre.

(6) Cette quantité se décompose ainsi... { Thé noire... 113 centil. 60 / Lait... 85 — »

ALLEMAGNE

	SOUPES MAIGRES.				LAIT OU CAFÉ AU LAIT.				ŒUFS.				LÉGUMES.			
[illegible]	1 PORTION.	2 PORTIONS.	3 PORTIONS.	4 PORTIONS.	1 PORTION.	2 PORTIONS.	3 PORTIONS.	4 PORTIONS.	1 PORTION.	2 PORTIONS.	3 PORTIONS.	4 PORTIONS.	1 PORTION.	2 PORTIONS.	3 PORTIONS.	4 PORTIONS.
[illegible]	Centil.	Centil.	Centil.	Centil.	Centil.	Centil.	Centil.	Centil.	Nombre.	Nombre.	Nombre.	Nombre.	Centil.	Centil.	Centil.	Centil.
[illegible]	32 »	42,60	42,60	27 »	28,40	37 »	56,63 et 11 gr. de café.	67,40 et 15 gr. de café	–	–	–	–	–	–	28,40	51,87
[illegible]		2 soupes.	2 soupes.	1 soupe.	–	–	–	–	–	–	1	–	–	–	–	15 »
[illegible]			–	93 »	–	–	–	6 »	–	–	–	–	–	–	–	Salade le dimanche.
[illegible]	–		2 soupes.	3 soupes.	–	–	–	–	–	–	2 »	–	–	(1)	(1)	(1)
[illegible]	[illegible]	[illegible]	57 »	85 »	42,60 (5)	40,90	42,50	42,50	–	–	–	–	–	–	57 »	[illegible]
[illegible]	90	33,80	67,20	67,20	41,60	25,63	25,63	55,10	–	–	–	–	–	–	–	–
[illegible]	75 »	113 »	113 »	113 »	–		–	–	–	–	–	–	–	–	27,10	57 »
[illegible]	1 soupe.	2 soupes.	2 soupes.	2 soupes.	–	–	(1)	–	1 ou 2	1 ou 2	–	–	–	–	–	(1)
[illegible]	–	3 soupes.	2 soupes.	2 soupes.	–	–	–	–	1 ou 2	–	–	–	–	(1)	(1)	(1)
[illegible]	3 soupes de 17, [illegible]	–	–	1 soupe.	»	42,6 ou de riz ou de la semoule.	–	25,90	–	–	–	–	–	17 »	[illegible]	[illegible]
[illegible]	70 »	70 »	70 »	70 »	–	3 fois par semaine (1).	1 fois par semaine (1).	–	–	–	–	–	(8)	–	–	tous les jours (1).
[illegible]	70	70 »	70 »	70 »	85 »	–	–	–	–	–	–	–	85 »	85 »	85 »	85 »

OBSERVATIONS.

(1) La quantité n'est pas déterminée.

(2) A la portion entière, les malades reçoivent, le matin, une soupe à la crème, à la farine ou à l'oignon.

(3) Les pensionnaires reçoivent, par jour, de 47 à 55 centilitres de vin.

(4) A la portion entière, 2 verres de bière rouge par repas, à 3 portions, un seul verre.

(5) Le café au lait se compose de : café, 7 gr. 81 ; lait, 14 centil. 20 et sucre, 7 gr. 97. — Les malades à 1 et 2 portions reçoivent par jour 85 centilitres d'une tisane d'avoine dite avenat.

(6) Les malades reçoivent par jour 57 centilitres de bière. — Les soupes maigres sont faites avec de l'avoine, de la bière ou du gruau de sarrasin.
Les enfants reçoivent : pain, 21 décag. ; 3 soupes ; viande, 21 décag. ; légumes, 1 litre environ.

(7) La viande peut se remplacer par du laitage ou des tartes de farine dits *Auflauf*, ou de la pâtisserie avec des fruits.

(8) L'hôpital de Wieden comprend en outre le 1/8 de portion et la diète faible. — Il n'est alors délivré que des soupes.

BELGIQUE

[illegible]		LÉGUMES.			
3 PORTIONS.	4 PORTIONS.	1 PORTION.	2 PORTIONS.	3 PORTIONS.	4 PORTIONS.
Centil.	Centil.	Centil.	Centil.	Centil.	Centil.
[illegible]	50	45	45	45	40

OBSERVATIONS.

Les enfants de 2 à 10 ans reçoivent une nourriture particulière, déterminée chaque jour par le médecin. Passé 10 ans, ils sont considérés comme adultes et leur nourriture est la même que celle des malades ordinaires, les quantités sont seulement moins fortes et laissées au discernement des sœurs.

Dans les quantités de pain indiquées ci-contre, le pain des soupes est compris. — La viande est cuite et désossée. — La bière est de seconde qualité ; elle est dite bière de ménage. — Le vin n'est donné que sur prescription spéciale du médecin.

ESPAGNE

[illegible]	4 PORTIONS.
	Décag.
[illegible]	6,20

OBSERVATIONS.

Les malades à une portion reçoivent 4 potages par jour. — Les malades à 2, 3 et 4 portions reçoivent le matin une soupe soit au lait, soit à l'ail, un bouillon de 1 heure à 4 heures et, comme souper, une tasse soit de lait, soit de chocolat. (Nous copions textuellement le tableau ; mais il est évident que ces [illegible] complémentaires : potage, bouillon et chocolat, ne sont pas cumulées par le malade, mais accordées par le médecin, suivant le traitement.

DANEMARCK

[illegible]		LAIT.				BEURRE.			
3 PORTIONS.	4 PORTIONS.	1 PORTION.	2 PORTIONS.	3 PORTIONS.	4 PORTIONS.	1 PORTION.	2 PORTIONS.	3 PORTIONS.	4 PORTIONS.
Centil. 50 potage maigre	Centil. 50 potage maigre	Centil. 85 »	Centil. 95 »	Centil. 30 »	Centil. 30 »	Décag. —	Décag. 1,45	Décag. 2 »	Décag. 3 »

OBSERVATIONS.

RUSSIE

[illegible]	BOUILLIE DE SARRASIN.				LAIT.				MIEL (2).				BEURRE (3).			
PORTION ENTIÈRE	—	PORTION FAIBLE.	PORTION MOYENNE.	PORTION ENTIÈRE.	—	PORTION FAIBLE	PORTION MOYENNE	PORTION ENTIÈRE.	—	PORTION FAIBLE	PORTION MOYENNE.	PORTION ENTIÈRE.	—	PORTION FAIBLE.	PORTION MOYENNE.	PORTION ENTIÈRE.
Décag.	—	Décag.	Décag.	Décag.	—	Centil.	Centil.	Centil.	—	Décag.	Décag.	Décag.	—	Décag.	Décag.	Décag.
3,42	—	—	17,06	17,06	—	183 »	—	—	—	3,12	—	—	—	—	17,06	21,33

OBSERVATIONS.

(1) Le poisson remplace la viande, dans le régime maigre.

(2) Le miel remplace le lait, dans le régime maigre.

(3) Le beurre est remplacé par l'huile de soleil.

www.ingramcontent.com/pod-product-compliance
Lightning Source LLC
LaVergne TN
LVHW050112060726
842524LV00003B/1076

* 9 7 8 2 0 1 3 5 8 4 3 9 5 *